AF625965

Peter Krause

Anthropoposophische Grundlagen der biologisch-dynamischen Landwirtschaft

Band I: Einführung in die Anthroposophie

Peter Krause

Anthropsophische Grundlagen der biologisch-dynamischen Landwirtschaft

Band I: Einführung in die Anthroposophie

INFO3 VERLAG

Diese Publikation wurde dankenswerterweise unterstützt von der
Zukunftsstiftung Landwirtschaft in der GLS Treuhand e.V., Bochum,
sowie der Mahle Stiftung GmbH, Stuttgart.

Sie ist zugleich Arbeitsmaterial für den Fernkurs „Anthroposophische Grundlagen der biologisch-dynamischen Landwirtschaft"

Peter Krause
Anthroposophische Grundlagen der biologisch-dynamischen Landwirtschaft,
Band 1: Einführung in die Anthroposophie

Herausgegeben von der Arbeitsgemeinschaft für Biologisch-Dynamische Wirtschaftsweise im Westen e.V. (AGBD im Westen)

ISBN 978-3-95779-163-4

Erste Auflage 2022
Zweite Auflage 2025

Lektorat: Cornelia Keusemann, Herdecke
Korrektorat: Ramon Brüll, Frankfurt am Main
Umschlag: Frank Schubert, Frankfurt am Main
Titelfoto: Shutterstock
Satz: Ulrich Schmid, de·te·pe, Aalen
Druck: CPI books, Leck

Info3 Verlag
Kirchgartenstraße 1, 60439 Frankfurt am Main
Tel. 069 58 46 47, E-Mail: vertrieb@info3.de
www.info3.de

Inhalt

TEIL 4

ANHANG

Vorab

Es wurde und wird viel über die biologisch-dynamische Landwirtschaft geschrieben, denn die Methode ist inzwischen weltweit verbreitet. Viele landwirtschaftliche Betriebe richten ihre praktische Arbeit nach den Demeter-Richtlinien aus. Darüber hinaus wird man für ein genaues Verständnis der biologisch-dynamischen Landwirtschaft nicht umhinkommen, sich mit den grundlegenden Ausführungen zu beschäftigen, die Rudolf Steiner zu dieser Methode im Jahr 1924 gemacht hat.

Worum es geht, findet sich wurde durch Rudolf Steiner vor dem Hintergrund der Anthroposophie im Jahr 1924 in einem Kurs, der den Titel *Geisteswissenschaftliche Grundlagen zum Gedeihen der Landwirtschaft* bekam. Für die Teilnahme daran galt seinerzeit als Bedingung, dass grundlegende Kenntnisse der Anthroposophie im Vorfeld bereits erarbeitet wurden. Daran anknüpfend soll in diesem Buch eine Einführung in die Anthroposophie gegeben werden. In zwei weiteren Bänden werden wir dann auf den Kurs selbst eingehen.

Die drei Bände dieser Reihe sind als Lernbücher geschrieben, so dass sich systematisch ein Basiswissen erarbeiten lässt. Ergänzend gibt es Studienunterlagen zu einem Fernkurs, der es ermöglicht, bei freier Zeiteinteilung das Erarbeitete mit eigenen Interessen zu verbinden und zu vertiefen. Informationen und die Möglichkeit zur Anmeldung zum Fernkurs finden sich im Internet unter dieser Anschrift: demeter-nrw.de

Die Ausführungen in dem vorliegenden Band sind in vier Teile gegliedert, zu denen jeweils vier Kapitel zu folgenden Themenbereichen gehören:

1. Entstehung und Entfaltung der Anthroposophie
2. Die Welt
3. Der Mensch
4. Natur und Kultur

Um die Orientierung im Buch *Geisteswissenschaftliche Grundlagen zum Gedeihen der Landwirtschaft (Landwirtschaftlicher Kurs)* zu erleichtern, **können Sie in den Vorträgen und Fragenbeantwortungen die Absätze nummerieren.** Beginnen Sie mit der Nummerierung für jeden Vortrag immer wieder von neuem mit einer Eins. Bei den Fragenbeantwortungen ebenso, aber dort nummerieren Sie bitte nur die Ausführungen Rudolf Steiners.

Sie finden in unseren Texten immer wieder Hinweise auf den *Landwirtschaftlichen Kurs (*Wir verwenden die Ausgabe aus dem Jahr 2022). Diese geben Ihnen Vortrag und Absatz darin an. Beispiel: Kieselsubstanz (1,20) bedeutet 1. Vortrag, 20. Absatz. Auf den Bericht von Rudolf Steiner wird beispielsweise wie folgt verwiesen: Geheimnisse des Düngens (B9) bedeutet Bericht, 9. Absatz. Im Kurs gibt es vier Fragenbeantwortungen. Wenn wir uns darauf beziehen, sind nur die Ausführungen Rudolf Steiners nummeriert. Beispiel: Frost (F2,38) bedeutet zweite Fragenbeantwortung, 38. Absatz.

Eine entsprechende Übersicht zu ausgewählten, relevanten Stichworten und Themen finden Sie am Ende dieses Buches. Mit unseren Texten (in den Büchern und Studienunterlagen) wollen wir zum Verständnis des Landwirtschaftlichen Kurses beitragen. Hin und wieder weisen wir direkt auf entsprechende Passagen hin. Wenn es sich um Themengruppen handelt, zum Beispiel so: (→Stichwortverzeichnis „Pflanzen und Planeten"). Wenn Sie sich für das angesprochene Thema näher interessieren, können Sie im Stichwortverzeichnis unter „Pflanzen und Planeten" nachschauen und finden dort angegeben: B47; 1,19; 1,24; 1,29; 2,4; 2,21; 2,31; 3,25; 6,3; 7,36. Wie das anzuwenden ist, haben wir oben erläutert.

Im Anschluss an die Kapitel finden sich Übungsaufgaben, mit denen Sie das Gelesene noch einmal vertiefen und den Lernfortschritt kontrollieren können. Die Lösungen zu den Übungsaufgaben finden Sie am Schluss des Buches.

TEIL 1

1.1 Entstehung und Entfaltung der Anthroposophie

Zeitgeschichtliches

Zu allem was geschieht gehört eine Vorgeschichte, aus der heraus sich unter aktuellen Bedingungen das Neue entfaltet. Das ist in allen Bereichen der Natur so, und im kulturellen Leben ist es nicht anders. Die Anthroposophie wurde von Rudolf Steiner am Ende des 19. und Beginn des 20. Jahrhunderts geschaffen. Seitdem hat sie sich immer weiterentwickelt und verändert. Wenn wir uns jetzt – in diesem und den drei folgenden Kapiteln – mit dem zeitgeschichtlichen Hintergrund ihrer Entstehung und Entfaltung befassen, wird es darum einerseits um das 19. Jahrhundert und die Lebenszeit Rudolf Steiners gehen, andererseits um die Jahrzehnte danach, wodurch nachvollziehbar werden soll, unter welchen allgemeinen Einflüssen sich die Entwicklung der Anthroposophie bis in die Jetztzeit hinein ereignet hat. Wir werden uns dazu allerdings nur einen knappen, ungefähren Überblick erarbeiten können, wobei wir vor allem beachten wollen, was zum Verständnis des Landwirtschaftlichen Kurs *beitragen kann.*

Das 19. und 20. Jahrhundert

Mit Beginn des 19. Jahrhunderts setzte eine Zeit des globalen Wandels ein, wie es sie vorher so noch nie gegeben hatte. Es war der Beginn der „Moderne". In der industriellen Revolution entstanden Fabriken und die Städte wuchsen infolge der Zuwanderung der Landbevölkerung. Obwohl unter den veränderten Lebensumständen die Soziale Frage aufbrach, insofern wenige sehr reich wurden, während viele bitterarm blieben, führten viele Erfindungen und Entdeckungen dazu, dass die

Lebenserwartung der Menschen im industrialisierten Teil der Welt zunahm und die Bevölkerung immer schneller anwuchs. Hatte sich die Zahl der auf Erden lebenden Menschen seit Beginn unserer Zeitrechnung bis zum 19. Jahrhundert von 250 Millionen auf eine Milliarde lediglich vervierfacht, setzte nun ein wesentlich schnelleres Bevölkerungswachstum ein. Zu Beginn des 20. Jahrhunderts hatte sich die Zahl der Menschen auf Erden bereits wieder (auf dann rund zwei Milliarden) verdoppelt, weiter bis zu den 1950er Jahren auf rund vier Milliarden und heutzutage gehen wir auf acht Milliarden zu. Weil sich dadurch ein immer schärferes Missverhältnis zum Bodenertrag ergibt, nehmen Hunger und Armut unweigerlich zu. Darauf hatte der britische Ökonom Thomas Robert Malthus bereits 1798 erstmals hingewiesen. Die Problematik beschäftigt uns aber bis heute, ohne dass wirklich gute Lösungen gefunden wurden.

Indem der Mensch immer geschickter von seinen potenziellen Möglichkeiten Gebrauch zu machen verstand, setzte auch eine entsprechende geistesgeschichtliche Entwicklung ein. Forschung und Wissenschaft gewannen Raum. Wichtige Entdeckungen wurden gemacht, die bahnbrechende Erfindungen ermöglichten. Und all das geschah vor dem Hintergrund der immer deutlicher gestellten Frage des Menschen nach sich selbst. Johann Gottlieb Fichte beschäftigte sich mit dem „absoluten Ich" als Kern der Persönlichkeit des Menschen und rückte sie ins Zentrum seiner *Wissenschaftslehre* genannten Philosophie. Immanuel Kant bezweifelte, dass es dem Menschen möglich sei, die Wirklichkeit (das „Ding an sich") tatsächlich als solche erkennen zu können. Wir werden später sehen, dass und wie Rudolf Steiner in diesem Kontext zu seiner eigenen *Philosophie der Freiheit* fand. (→ 2.1 und 2.4)

Die Frage des Menschen nach sich selbst kulminierte in gewisser Weise, als zu Beginn des 20. Jahrhunderts durch Carl Gustav Jung und Sigmund Freud die Psychotherapie und -analyse entwickelt wurden. Vor diesem Hintergrund werden auch die Ausführungen zum anthroposophischen Schulungsweg verständlicher, worauf Rudolf Steiner auch im *Landwirtschaftlichen Kurs*, und zwar bezüglich einer meditativen Betätigung des Landwirts, zu sprechen kam. (3,33; 3,34; 4,14; F1,29)

Es lässt sich anhand vieler schriftlicher und mündlicher Äußerungen nachvollziehen, dass Rudolf Steiner aktuelle Entwicklungen sehr genau verfolgte. In seiner Bibliothek, die in Dornach archiviert wurde, finden sich zahlreiche Bücher von Zeitgenossen, die von ihm gründlich studiert wurden. Auch im *Landwirtschaftlichen Kurs* hat er sich immer wieder auf Ideen, Sichtweisen und Entdeckungen bezogen, die für die damalige Zeit oder für seine eigene Entwicklung wichtig waren. Von ganz zentraler Bedeutung war Johann Wolfgang von Goethe, dessen Erkenntnisart in der Anthroposophie direkt weiterentwickelt wird. Im *Landwirtschaftlichen Kurs* wird darauf beispielsweise im siebten Vortrag (7,40) hingewiesen. Im ersten Vortrag (1,14) kam Rudolf Steiner auf den Mediziner und Naturwissenschaftler Gustav Theodor Fechner zu sprechen, den er dort im Hinblick auf Forschungen zur Regenwahrscheinlichkeit im Zusammenhang mit den Mondphasen als einen „in geistigen Dingen mit so manchen sicheren Einblicken behafteten Mann" bezeichnete.

Ebenso wird der zu Beginn des 19. Jahrhunderts entdeckte Unterschied von biologischer und personaler Existenz des Menschen (→ 1.3) beachtet, insofern auf die Bedeutung des Gehirns als Organ des Ich hingewiesen wird. (8,13 und F4,1) Der Bezug zu medizinischen Erkenntnissen spielt im *Landwirtschaftlichen Kurs* überhaupt immer wieder eine wichtige Rolle, so beispielsweise mit den Hinweisen auf das Wesen der Krankheit (6,34) oder die Chronobiologie tierischen und menschlichen Lebens (1,17). Zu beidem wurden im 19. und 20. Jahrhundert wichtige Entdeckungen gemacht.

Die zahlreichen Hinweise auf Nahrungsmittel und den Ernährungsprozess (B12; B50; 1,32; 4,5; 4,6; 4,36; 5,34; 6,6; 8,3; 8,21) lassen sich ebenfalls im zeitgeschichtlichen Kontext verstehen, besonders wenn man bedenkt, dass und wie sich die konventionelle Landwirtschaft nach dem Nachweis der wachstumsfördernden Wirkung von

Stickstoff, Phosphaten und Kalium seit Mitte des 19. Jahrhunderts weiter entwickelte.

Bahnbrechende wissenschaftliche Erkenntnisse bezogen sich damals auch auf besondere Eigenschaften der Materie, die man fortan als „Radioaktivität" bezeichnete. Namentlich sind in diesem Zusammenhang beispielsweise Henri Becquerel, Marie und Pierre Curie oder Ernest Rutherford zu nennen, denen im 20. und 21. Jahrhundert viele nachfolgten, um einer neuen Technik den Weg zu bereiten. Es gehört sicherlich zu den interessantesten Fragen, was Rudolf Steiner demgegenüber meinte, wenn er im *Landwirtschaftlichen Kurs* von der „lebendigen Kenntnis der Stoffe" (3,5; 3,6) oder einer „dynamischen Strahlung" sprach. (F1,4; 5,21; 5,31; F2,27; 6,21; 6,36; 8,22)

Zu den zeitgeschichtlichen Rahmenbedingungen des *Landwirtschaftlichen Kurs* ließe sich vieles weiter ausführen. Dabei lässt sich der Kurs selbst als zeitgeschichtlich bedeutendes Ereignis verstehen, und zwar ganz besonders, wenn man bedenkt wie sich im 20. Jahrhundert die „Ökobewegung" formierte und entwickelt hat. Die Ereignisse in Koberwitz, einem Dorf in der Nähe von Breslau wo der Kurs stattfand, lassen sich diesbezüglich wie ein Wetterleuchten verstehen. Wir werden in den folgenden Unterkapiteln (→ 1.2 bis 1.4) weitere Betrachtungen dazu anstellen.

Im Übergang zum dritten Jahrtausend

Jetzt, etwa einhundert Jahre nach den Ereignissen von Koberwitz und am Beginn des dritten Jahrtausends, sind es markante Herausforderungen, denen sich die Menschheit zu stellen hat. Vor allem anderen ist es der anthropogene Klimawandel, der besorgt. Während das klimapolitische Zwei-Grad-Ziel verfehlt werden könnte, wächst die Weltbevölkerung immer weiter. Schon in wenigen Jahren könnten 60 Prozent der Weltbevölkerung in Megastädten und Stadtlandschaften leben. Wie der damit verbundene Energiehunger gestillt werden kann, ist noch nicht wirklich zu sagen.

Wie sich unter den Vorzeichen der Computerisierung die Arbeitswelt verändert, kann allerorten erlebt werden. Viele der heute noch ausgeübten Berufe werden verschwinden, andere werden ganz neu hinzukommen. Vermutlich werden die Prekarisierung der Arbeit und die Spaltung der Gesellschaft in Arm und Reich dadurch verstärkt. Was durch künstliche Intelligenz in Zukunft alles möglich sein wird, ist kaum zu ahnen. Smart Homes und -Citys wird es geben, das Internet der Dinge wird sich ausbreiten und die technologische Singularität, also der Zeitpunkt, an dem die künstliche Intelligenz die Intelligenz des Menschen übertrifft, könnte in nicht so ferner Zukunft tatsächlich Wirklichkeit werden.

All diese Veränderungen betreffen nicht nur die Menschenwelt. Auch die Natur wird infolgedessen nicht mehr so bleiben wie wir sie kennen. Mit dem Artensterben sind wir schon lange konfrontiert. Perspektivisch werden beispielsweise bald fünf der sieben Arten der großen Menschenaffen ausgestorben sein. Ob und wie sich die Insektenwelt und damit auch die der Vögel weiter entwickeln wird, werden wir sehen. Ebenso welche Auswirkungen der Verlust der genetischen Vielfalt unter den Nutztieren haben wird. Auch hier sind viele der bekannten Zuchtrassen mittlerweile vom Aussterben bedroht.

Zusammenfassend kann gesagt werden, dass mit dem *Landwirtschaftlichen Kurs* in bewegenden Zeiten die biologisch-dynamische Landwirtschaft begründet werden konnte. Es ist ein historisches Faktum, dass sich von da aus die biologische Landwirtschaft entwickeln konnte. Aber es kann und darf nicht übersehen werden, dass wir uns nun an einem Punkt befinden, von dem aus sehr ernste und schwerwiegende Herausforderungen bewältigt werden müssen. Die in Koberwitz gegebenen Impulse können dazu zweifellos einen sinnvollen und wirksamen Beitrag leisten.

Übungsaufgaben zu Kapitel 1.1

Bitte beantworten Sie drei Fragen zu diesem Kapitel.

1. Im *Landwirtschaftlichen Kurs* zitiert Rudolf Steiner im siebten Vortrag (7,40) einen Satz von Johann Wolfgang von Goethe. Wie lautet das Zitat und was ist damit gemeint?

2. Inwiefern spielen medizinische Erkenntnisse im Landwirtschaftlichen Kurs eine Rolle? Bitte nennen Sie zwei Beispiele dafür.

3. Was ist mit der „technologischen Singularität" gemeint?

1.2 Die Welt
Lebewesen Erde

Wenn wir heutzutage dem Begriff „Erde" nähertreten, denken wir vielleicht an die Erde im Weltraum. So schrieb auch der berühmte Architekt und Autor Max Frisch von der Erde als dem „Gestirn, das blühend durch die Weltnacht schwebt".[1] Dass sich mit dieser Vorstellung aber ein konkretes Bild verbinden lässt, ist noch gar nicht lange her. Es war nämlich erst im Dezember 1968, als Astronauten im Weltraum erstmals mit eigenen Augen die über dem Mond aufgehende Erde sahen. Das Bild der Erde erschöpfte sich für die meisten Menschen bis vor tausend Jahren noch darin, dass man vor allem an den eigenen Acker und die unmittelbare Umgebung dachte. Dann waren es mehr und mehr auch ferne Länder mit ganz anderen Lebensbedingungen, die das Vorstellungsbild erweiterten, bis man sich schließlich den Planeten in kosmischen Weiten imaginieren konnte, und zwar eben genauso wie es nun fast allen Menschen irgendwie vertraut ist.

Aber „Erde" bedeutete lange Zeit auch einen bestimmten Zustand, in dem sich Materie befinden kann. In der chinesischen Philosophie des Taoismus beispielsweise sah man das vor 3000 Jahren so. In der griechischen Philosophie ging man seit dem fünften Jahrhundert vor Christus mit einem ähnlich weitgefassten Begriff um, indem man die sogenannte Vier-Elemente-Lehre vertrat. Ihr zufolge ist „Erde" alles Feste, also auch das Eis als Aggregatzustand des Wassers, welches in Dunst und Nebel aber auch „Luft" sein kann. Gleichfalls erscheinen die Stoffe der Erde nicht nur als fest, sondern können in Lava auch „Wasser" oder in Gasen „Luft" sein, um schließlich sogar in „Wärme" überzugehen. Erst im 19. Jahrhundert wurde mit dem Periodensystem der Elemente eine Art der Übersicht geschaffen, der zufolge man nicht mehr von *Zuständen*, sondern von *substanziellen Eigenschaften* der Materie sprach.

Ist die Erde ein Lebewesen?

Vielleicht war es der Astronom Johannes Kepler, dem man zuerkennen kann, als erster Wissenschaftler auf die enge Verbindung der belebten und unbelebten Natur der Erde hingewiesen zu haben, als er 1619 in seinen *Harmonice mundi* den kommenden Jahrhunderten zurief: „Die Erdkugel ist ein Leib, der einem Lebewesen zugehört!" Die erhabenen Empfindungen, mit denen man bereits in frühesten Kulturen auf die Erscheinungen und Prozesse des Lebens schaute, begannen sich zu Vorstellungen zu verdichten, mit denen man die Erde selbst als Organismus zu erkennen begann.

Im Lichtkegel der Aufmerksamkeit für diese Entwicklung vom neuen holistischen Verständnis der Erde als Lebewesen erscheint dann Georges-Louis Leclerc de Buffon, der Mitte des 18. Jahrhunderts erstmals die von ihm so genannte „Lebende Materie" beschrieb. Sein Schüler Jean-Baptiste Lamarck befasste sich, daran anschließend, mit der engen Verflechtung von abiotischen und biotischen Verbindungen. Einige Jahrzehnte später sprach Alexander von Humboldt von einer „Lebenssphäre", in der atmosphärische und geologische Prozesse mit Lebensprozessen verbunden sind, wozu die Vorstellung einer Hülle gehört, die die Erde umgibt. Damit war der Begriff der „Biosphäre" vorbereitet, der durch Eduard Suess am Ende des 18. Jahrhunderts – bereits weitgehend im heutzutage verstandenen Sinne – geprägt wurde. Etwa zur gleichen Zeit bezeichnete der schottische Naturforscher und Geologe James Hutton die Erde in seiner *Theory of the Earth* dann erstmals als einen „Superorganismus".

Bis zu diesem Zeitpunkt hatte man erkannt, dass und wie lebende Materie die geochemische Geschichte der Erde bestimmt und die Biosphäre zu einem selbstregulierenden System werden lässt, in dem es stets um den Zustand eines Gleichgewichts (Homöostase) geht. Besonders dieses dynamische Gleichgewicht, also nicht allein der Vorgang der Wandlung mineralischer Stoffe zu Formen, ist ein Ausdruck von Leben in einer jeden denkbaren Form. Während sich das relativ einfach bezüglich einzelner Lebensformen nachvollziehen lässt, eröffnete sich im Blick auf die Erde nun der entscheidende Ausblick: die gesamte Biosphäre ist ein gewaltiges homöostatisches System.

Wladimir Iwanowitsch Wernadski (1863–1945), der als Begründer der Biogeochemie gilt, beschäftigte sich intensiv damit: „Die Biosphäre erscheint in der Biogeochemie als eine eigentümliche Hülle der Erde, die sich deutlich von den anderen Hüllen unseres Planeten unterscheidet. Die Biosphäre besteht aus einigen konzentrischen, zusammenhängenden Formationen, die die gesamte Erde umgeben und Geosphären genannt werden. Die Biosphäre besitzt seit Milliarden von Jahren diese vollkommen eindeutige Struktur. Diese Struktur ist mit der aktiven Beteiligung des Lebens verbunden, wird in erheblichem Maße durch das Leben konditioniert und zeichnet sich vor allem durch dynamisch bewegliche, stabile, geologisch dauerhafte Gleichgewichte aus, die im Unterschied zu den mechanischen Strukturen innerhalb bestimmter Grenzen sowohl räumlich als auch zeitlich quantitativ fluktuierend sind."[2]

Zu einer Vorstellung von der Erde als einem Lebewesen kam Wernadski zwar nicht. Aber er hob die Bedeutung des Menschen für die Evolution der Erde hervor, indem er folgerte: „Die Biosphäre selbst ist ein komplexer planetarischer bioinerter Naturkörper"[3] , der schließlich durch menschliches, wissenschaftliches Denken zu einer sogenannten Noosphäre (altgriechisch νοῦς *nous*, unkontrahiert νόος *noos*, „Geist", „Verstand", zusammen also „Sphäre des menschlichen Geistes/Verstandes") gewandelt wird. Unter der Voraussetzung dieser Idee kann sich das Wissen vom Leben der Erde und der Rolle des Menschen darauf entscheidend erweitern, wenn zunächst auch noch offenbleibt, in welche Richtung.

Den durch Wernadski verwendeten Begriff „Noosphäre" hatten, ausgehend von dessen Überlegungen zur Biosphäre, der französische Mathematiker Édouard Le Roy und der Geologe und Paläontologe Teilhard de Chardin geprägt, aber noch ganz anders verstanden.

Mensch und Erde

Während seiner fünften Reise nach China verfasste der Naturforscher und Mönch Pierre Teilhard de Chardin sein Opus magnum *Der Mensch im Kosmos*. Darin erweiterte er die naturwissenschaftliche Betrachtung der Außenseite der Dinge um den nach innen gerichteten Blick des Theologen und verband den holistischen Blick auf die Lebensprozesse mit der Würdigung der kulturellen Leistungen des Menschen als Beitrag zur Evolution der Erde. Er schrieb: „Meines Erachtens gibt es für das denkende Wesen keinen entscheidenderen Augenblick als den, wo ihm gleichsam die Schuppen von den Augen fallen und es entdeckt, dass es nicht einsam in den Einöden des Weltalls verloren ist, sondern dass ein universeller Lebenswille in ihm zusammenströmt und sich in ihm vermenschlicht."[4] Das Bewusstsein, das im Menschen erscheint, ist die höchste Entfaltung des Lebens. Dadurch erklärt sich das Wesen des Menschen, das „nichts anderes ist als die zum Bewusstsein ihrer selbst gelangte Evolution."[5] Dieses Bewusstsein bildet als eine eigene, neue Sphäre der Erde die *Noosphäre*, die Sphäre des Denkens.

Dieser, zu Beginn des 20. Jahrhunderts erreichte Stand der Entwicklung, katalysiert seither ein anderes Verhältnis zu Welt und Leben, das demjenigen alter indigener Kulturen nicht unähnlich ist. Nachfolgende Wissenschaftler:innen präzisierten die erarbeiteten Erkenntnisse, so auch der britische Wissenschaftler und Autor James Lovelock, der unter anderem für seine „Gaia-Hypothese" bekannt ist. Indem Lovelock konstatierte, dass die Erde nicht nur Leben, sondern auch Evolution ermöglicht, will heißen, sich auf dem Weg einer sinnvollen, zielgerichteten Entwicklung befindet, kommt er der Vorstellung von der Erde als Lebewesen schon sehr nah. Zugleich weist er allzu naive Vorstellungen zurück, indem er feststellt: „Aber wenn ich von einem lebendigen Planeten spreche, soll das keinen animistischen Beiklang haben; ich denke nicht an eine empfindungsfähige Erde oder an Steine, die sich nach eigenem Willen und eigener Zielsetzung bewegen."[6] Vielmehr stellt Lovelock sich die Erde als Superorganismus vor, der aus der Gesamtheit aller auf ihr existierenden Lebewesen besteht.

In der Zusammenschau zeichnet sich seit etwa zweihundert Jahren in Teilen der Wissenschaft die Entwicklung eines neuen Welt- und Menschenbildes ab, das uns einem Verständnis der Erde als lebendem Organismus näherbringt. Der Mensch wird sich seiner Bedeutung für die Wandlung der Biosphäre zur Noosphäre bewusst, wobei noch offen ist, ob wir nach weiteren zweihundert Jahren von einer virtuellen Welt umhüllt sein werden, der sich jedes natürliche Leben zu unterwerfen hat, oder ob die Noosphäre eine Ebene kollektiven Bewusstseins sein wird, die dem Menschen zur freien Entfaltung seiner Persönlichkeit zur Verfügung steht. Es liegt jedenfalls an uns selbst, also daran, welche Zukunft wir wollen. Indem wir uns darüber klar werden lichtet sich möglicherweise auch der Nebel, der uns noch von der Erkenntnis trennt, wer oder was zum Leib der Erde als Wesen zugehört.

Übungsaufgaben zu Kapitel 1.2

Welche der nachfolgend aufgeführten Aussagen sind wahr und welche sind falsch? Zu jeder Aussage gibt es zwei Antworten, die Ihre Feststellung unterstützen. Bitte beachten Sie: Sie beginnen Ihre Antwort mit der Feststellung WAHR oder FALSCH. Dann suchen Sie im vorangegangenen Kapitel nach den Formulierungen oder Zahlen, die Ihre Antwort belegen.

Beispiel:
Die Lehren von Johannes Kepler veränderten die Vorstellungen von der Erde, und James Lovelock begründete, warum von ihrer zielgerichteten Entwicklung gesprochen werden kann.
WAHR: Erde selbst als Organismus | nicht nur Leben, sondern auch Evolution

1. Anfang des 20 Jahrhunderts wurde durch einen russischen Wissenschaftler die Biogeochemie begründet. Sie erforscht eine Eigenschaft, die die Erde zu einem lebendigen Organismus macht.

2. Der Mensch hat keinen Einfluss auf die Weiterentwicklung der Biosphäre. Teilhard de Chardin sah keinen Zusammenhang zwischen dem Leben der Erde und dem menschlichen Bewusstsein.

1.3 Der Mensch
Mensch und Welt

Unter allen Lebewesen nimmt der Mensch durch die ihm eigene Lebensart den größten Einfluss auf seine Umgebung. Der Naturforscher Carl von Linné hatte im 18. Jahrhundert die Bezeichnung Homo sapiens für ihn geprägt. Das ist absolut passend, denn es bedeutet „einsichtsfähiger weiser Mensch". Gemeint ist jene Fähigkeit, durch die sich der Mensch prinzipiell von allen anderen Lebewesen unterscheidet. Wir Menschen können uns nämlich ohne äußeren Anlass willkürlich erinnern und ebenso Vorstellungen von einer Zukunft entwickeln, die noch ganz anders ist als die Gegenwart. Diese wunderbare Fähigkeit ermöglicht es uns, die Welt nach eigenen Ideen zu gestalten und zu verändern. Alles Technische, aber auch jede Form von Kultur und Religion ist Ausdruck davon.

Das Rätsel Mensch

Seit dem ersten Auftreten des Menschen vor etwa 300.000 Jahren hat sich seine Art weltweit verbreitet. Mit der Entwicklung der immer besseren Lebensbedingungen nahm auch die Zahl der auf Erden lebenden Menschen schnell zu. So konnte es nicht ausbleiben, dass die ganze Welt immer stärker durch die Handschrift des Menschen zu einer anderen wurde. Da manche der eingetretenen Veränderungen nicht mehr umkehrbar sind und den Vorgang der Evolution des Lebens grundsätzlich beeinflussen, spricht man inzwischen sogar vom „Zeitalter des Menschen", um jene Epoche zu bezeichnen, in der wir gegenwärtig leben. Wir kommen später darauf noch zurück. (→ 3.4)

Im geschichtlich sehr kurzen Zeitraum der zurückliegenden zweihundert Jahre hat sich aufgrund wissenschaftlicher Erkenntnisse nicht nur das Weltbild (→ 1.2), sondern ebenso das Bild vom Menschen grundsätzlich verändert. Einerseits hat man sich einen sehr weit reichenden Ein- und Ausblick in die Erscheinungen und Bedingungen des Lebens erarbeitet, andererseits sind damit weitere Rätsel in den Fokus der Aufmerksamkeit gerückt. Wer ist der Mensch eigentlich? Was ist „Leben" und wie lässt sich verstehen, was wir an uns selbst und an unseren Mitmenschen als „Persönlichkeit" erfahren?

Zu Beginn des 19. Jahrhunderts gab es in Frankreich den außerordentlich begabten Mediziner Xavier Bichat. In seinem kurzen Leben von wenig mehr als dreißig Jahren prägte er die Medizingeschichte, indem er aufgrund intensiver Forschungen und Beobachtungen zu der Erkenntnis fand, dass man eine biologische und personale Existenz des Menschen voneinander zu unterscheiden habe. Leben ist vom ersten Beginn des keimenden, leiblichen Lebens im mütterlichen Leib zu konstatieren, es tritt also lange vor dem Moment der Geburt auf. Darüber hinaus sprach Bichat von einem „animalischen Leben", womit er jene Eigenschaften des Menschen bezeichnete, die auf den Funktionen und Leistungen seines Gehirns beruhen und die personale Existenz des Menschen begründen. Wie wir heutzutage wissen, beginnen die Funktionen des Gehirns etwa in der dritten (Beginn der Gehirnentwicklung) bzw. zehnten (Beginn der Synapsen) Schwangerschaftswoche, und sie erlöschen etwa drei Tage vor dem Eintreten des biologischen Todes, womit jener Moment gemeint ist, in dem auch die letzte Zelle des Körpers verstirbt. Diese Entdeckung Bichats wurde seither immer weiter präzisiert. Sie legt nahe, dass es sich beim Menschen nicht nur um ein leibliches Wesen handelt, sondern auch um ein geistiges, das für einen bestimmten Zeitraum mit der leiblichen Existenz eines Menschen verbunden ist.

Von ebenso großer Bedeutung war es, als im Jahr 1827 durch den Mediziner und Naturforscher Karl Ernst von Baer die menschliche

Eizelle entdeckt worden war. Nun hatte man einen guten Ausgangspunkt dafür gefunden, sich mit der leiblichen Entwicklung menschlichen Lebens zu befassen. Bezüglich der Erkenntnisse zur Embryologie war es so, dass ein großes Forschungsgebiet aufgetan wurde, das sich in den folgenden Jahren bis heute konsequent weiterentwickelte.

Indem man nun mehr und mehr über Wesen, Entwicklung und Verlauf menschlichen Lebens erkannte, lag es nahe, das erworbene Wissen in der Humanmedizin auch anzuwenden. Spektakulär war diesbezüglich der Beginn der Transplantationsmedizin in den 1930er Jahren und die Eröffnung der ersten Intensivstation in den 1950er Jahren. Nun war man in der Lage, immer besser in die Abläufe des Sterbens einzugreifen, um das Leben in Phasen seiner Gefährdung bestenfalls erhalten zu können. Nimmt man hinzu, dass 1978 das erste im Reagenzglas gezeugte Baby zur Welt kam, sieht man, wie weit die Möglichkeiten menschlichen Handelns inzwischen reichen.

Zusammenleben

Zum Menschen und der durch ihn initiierten kulturellen Entwicklung gehört sein Bedürfnis in Gemeinschaft leben zu können. Schon die Überreste der frühesten Formen menschlicher Zivilisation geben davon Zeugnis. Das Überleben einzelner Individuen war in Gruppen leichter, bzw. nur unter solcher Voraussetzung möglich.

Im 19. und 20. Jahrhundert hatte sich im Zusammenleben der Menschen vieles verändert. Jedenfalls dort, wo sich Technisierung und Industrialisierung ereigneten. Landflucht und Urbanisierung führten zu vollkommen neuen Formen des Miteinanders. Neue Möglichkeiten und Chancen tauchten auf, aber auch neue Probleme mussten gelöst werden. Davon war und ist auch die Landwirtschaft betroffen, und wer sich mit der kulturellen Entwicklung der Menschheit intensiver befasst, wird nicht darum herumkommen, das gründlich zu studieren. Für unsere Übersicht ist hinsichtlich der Entwicklung des Bauerntums besonders die Zeit des 19. und 20. Jahrhundert von Interesse, weil sich daraus manches für das Milieu ergab, in dem die biologisch-dynamische Landwirtschaft begründet wurde und bis heute betrieben wird.

So vollzog sich im 19. Jahrhundert die so genannte „Bauernbefreiung" von der Abhängigkeit von den Grund- und Leibherren. Nun wurde es überhaupt erst möglich, dass Landwirte den eigenen Betrieb in ganzer Freiheit führen. Allerdings kam es ab Mitte des 19. Jahrhunderts aufgrund der optimierten Anbaumethoden und der Einfuhren aus Übersee zu einem Verfall der Getreidepreise. Diese Krise befeuerte die Landflucht in die neu entstehenden Industriegebiete, führte aber auch zur Gründung von genossenschaftlich organisierten, bäuerlichen Verbänden und Selbsthilfeeinrichtungen.

Bis in das 20. Jahrhundert hinein waren Bauernhöfe auch im industrialisierten Teil der Welt weitgehend auf Selbstversorgung und Subsistenz ausgerichtet. Der durch Rudolf Steiner im *Landwirtschaftlichen Kurs* besprochene und empfohlene geschlossene Hoforganismus war bis zu diesem Zeitpunkt noch die Regel, was sich allerdings in der Folgezeit immer mehr aufzulösen begann. Damit gingen jene Formen gemeinschaftlichen Lebens zunehmend verloren, die auf den Bauernhöfen bisher bewahrt worden waren.

Ein solcher Verlust kultureller Werte ging mit den allgemeinen Veränderungen im Leben der Menschen einher und führte während der industriellen Revolution zum Auftreten intentionaler Gemeinschaftsbildungen, wie sie bis heute immer wieder stattfinden. Historisch ist da zunächst die Lebensreformbewegung zu nennen, in der sich Menschen zusammenfanden und organisierten, die Industrialisierung, Materialismus und Urbanisierung kritisierten. Man sehnte sich stattdessen nach weitgehend „natürlichen" Lebensformen, die dem Verfall der kulturellen Werte entgegenstehen sollten. Natürliche – später „ökologische" – Landwirtschaft, vegetarische Ernährung, Abstinenz und Naturheilkunde gehörten ebenso zur Lebensreformbewegung, wie eine alternative Kleidung und das spirituelle, bestenfalls ländliche Leben.

Die Lebensreformbewegung hatte auch einen Einfluss auf die Entwicklung der Architektur. Entsprechende Baustile lassen sich als „organische Architektur" zusammenfassen. Die Gartenstadtbewegung und andere Siedlungsexperimente liegen in einer Entwicklungslinie mit den seit den 1980er Jahren entstandenen „Ökodörfern".

Der gesellschaftliche Wandel ereignete sich weltweit. Mit dem „Summer of Love" in den 1960er Jahren konturierte sich der Veränderungswille immer deutlicher. Inspiriert von Vertretern der Lebensreformbewegung, die in die USA ausgewandert waren, formierte sich die Hippiebewegung, in der eine Gegenkultur propagiert wurde, die für manche gesellschaftlichen Innovationen prägend werden sollte. Hinzu kamen bald danach die Umwelt- und Friedensbewegung, in denen sich die Vorstellungen vom gesellschaftlichen Wandel unter konsumkritischen Vorzeichen politisiert finden.

Der grobe Überblick zeigt, dass sich alternative Formen der Landwirtschaft in den entsprechenden Kontexten entwickelten. So verhielt es sich auch mit dem *Landwirtschaftlichen Kurs* als praktischer Ausdruck der Anthroposophie. Und die Entwicklung, die bis in die Gegenwart reicht, ging weiter: In den 1960er Jahren kam – erstmals in Japan – die „Solidarische Landwirtschaft" auf, und in den 1980er Jahren begann von Australien aus die weltweite Verbreitung der „Permakultur". Beides findet sich mittlerweile auch in der biologisch-dynamischen Landwirtschaft vertreten.

Menschen- und Weltbilder im Wandel

Sowohl der geschichtliche Überblick als auch die persönliche Erfahrung lehren, dass Menschen- und Weltbilder zusammenhängen. Das eine bedingt das andere. Mit dem neuen Bild vom Lebewesen Erde beschäftigten wir uns bereits (→ 1.2), und auch zum anderen Bild vom Menschen führten wir uns eben einiges vor Augen. Im Ergebnis lässt sich sagen, dass die Erkenntnisse nicht nur quantitativ und qualitativ zunahmen, sondern auch, dass unter ihrer Voraussetzung neue Ausblicke und Vorstellungen möglich wurden.

Für die Menschen im industrialisierten und technisch hoch entwickelten Teil der Welt wurde ein hoher Grad an Freiheit erreicht. Alles scheint möglich. Mitte des 20. Jahrhunderts wurde von der Generalversammlung der Vereinten Nationen die Allgemeine Erklärung der Menschenrechte verabschiedet. Seither haben fast alle Staaten der Erde deren Bedeutung anerkannt. Der Mensch, so möchte man sagen, ist sich seiner selbst und all seiner Möglichkeiten bewusstgeworden, die er nun bestenfalls konsequent zum eigenen und gemeinsamen Wohl einzusetzen bereit ist. Jedenfalls ist das im Idealfall so.

Die Suche nach dem Optimum persönlicher und gemeinschaftlicher Lebensgestaltung ist in der Einsicht verwurzelt, dass sich eine sinnvolle Entwicklung nur unter geeigneten Bedingungen ereignet. Darüber, was in diesem Sinne geeignete Bedingungen sind, gehen die Meinungen allerdings hin und wieder auseinander. Im Diskurs versöhnlich könnte es sein, wenn es gelänge, am Menschen selbst abzulesen worauf zu achten ist. Wie uns in der Bionik die durch evolutionäre Prozesse optimierte Natur zu technischen Innovationen leiten kann, ist der Mensch selbst ein Schlüssel zum Verständnis der Bedingungen für sein gutes Leben und seine sinnvolle weitere Entwicklung.

Eine solche Einstellung wird zu anderen Formen des Zusammenlebens und -lernens führen. Beziehungen werden darin wichtiger sein als Funktionen. Der Amerikaner Dee Hock hatte das erkannt, als er in den 1970er Jahren die VISA Inc. als das weltweit größte Unternehmen für das Angebot von Kreditkarten aufbaute. Dabei vertraute er darauf, dass eine Gemeinschaft von zusammenarbeitenden Menschen wie ein Organismus verstanden werden kann und sich ergo viele notwendige Regelungen und Funktionen wie von selbst einstellen. In diesem Sinne sprach er schließlich von „chaordischen" (Kofferwort aus Chaos und Ordnung) Organisationen und meinte grundsätzlich etwas Ähnliches wie Rudolf Steiner, der vom „Sozialen Organismus" oder im *Landwirtschaftlichen Kurs* vom geschlossenen Hoforganismus sprach, der alle dort zusammenlebenden Wesen umfasst und der – das wird ausdrücklich betont – am besten vom Menschen ausgehend verstanden werden kann. (4,37)

Übungsaufgaben zu Kapitel 1.3

Bitte beantworten Sie die folgenden Fragen:

1. Warum ist die Bezeichnung „Homo sapiens" für den Menschen passend?
2. Warum spricht man inzwischen vom „Zeitalter des Menschen"?
3. Was entdeckte Xavier Bichat Anfang des 19. Jahrhunderts?
4. Was wird als „Bauernbefreiung" bezeichnet, die sich im 19. Jahrhundert ereignete?
5. Was ist eine „chaordische" Organisation?

1.4 Natur und Kultur
Anders leben

Indem wir Menschen über uns selbst und unsere Geschichte nachdenken, schauen wir bald auf unser Handeln und seine Folgen für die Welt. Daran erkennen wir uns, und als Resümee finden wir danach unter Umständen zu Bewertungen des Vergangenen und zu Leitlinien für die Zukunft. Wenn wir uns so den Entwicklungen der vergangenen zweihundert Jahre zuwenden, können wir das tun, indem wir drei Bereiche voneinander unterscheiden, in denen signifikante Veränderungen in der äußeren Welt mit dementsprechenden Erkenntnissen und Ausblicken verbunden sind. In der Ökologie erfahren wir vom großartigen Zusammenspiel aller Kräfte und Wesen des Lebens, aber auch vom Einfluss, den unser menschliches Leben darauf hat. In der Ökonomie wenden wir uns dem Haushalten und der Wertschöpfung zu, wobei wir der Welt unter sehr charakteristischen Vorzeichen begegnen, die uns schnell auch moralisch herausfordern. In der Ökosophie geht es um die Verbindung unseres seelisch-geistigen Lebens mit der Natur, wodurch wir weit über jene Grenzen hinausfinden können, die für unser Erkennen sonst gemeinhin angenommen werden. Mit der Ökologie, Ökonomie und Ökosophie wollen wir uns nun noch etwas beschäftigen, um den Blick auf jenes Milieu abzurunden, in dem die Anthroposophie entstanden ist und sich bis dato entwickelt.

Ökologie

Dass alles Leben sich fortwährend entwickelt, ist heutzutage jedem Menschen mehr oder weniger klar. Unser Wissen von dieser Tatsache nehmen wir selbstverständlich hin, denn wir sehen und erleben es ja tagtäglich: alles verändert sich fortwährend und nichts bleibt wie es ist. In diesem Vorgang dauernder Wandlung finden zugleich Anpassungen statt, die alles zu etwas anderem werden lassen als es vordem noch war. Dieses selbstverständliche Wissen von der Entwicklung als Tatsache allen Lebens trat in aller Deutlichkeit aber erst im 19. Jahrhundert auf. Man kann sich aus heutiger Sicht kaum noch vorstellen, wie einschneidend und tiefgründig es war, als der Mensch begann, Entwicklung als solche überhaupt zu sehen und zu denken.

Den entscheidenden Schritt auf dem Weg dorthin machte wohl Charles Darwin. Als junger Mann hatte der Naturforscher eine Weltreise gemacht, während der er Beobachtungen anstellte, die ihn von der Veränderlichkeit der Arten überzeugt sein ließen. Ab 1837 schrieb Darwin seine diesbezüglichen Überlegungen in seinen *Notebooks on Transmutation* nieder, bevor er sie 1859 in einem Werk zusammengefasst veröffentlichte.[7] Die daraus hervorgegangenen Ideen über die Evolution gehören heutzutage zur allgemeinen Schulbildung. Sie prägen das vorherrschende Welt- und Menschenbild der Gegenwart.

Die Ideen von Charles Darwin wurden durch Ernst Haeckel weiterentwickelt, der in seinem 1866 erschienen Buch über die *Generelle Morphologie* erstmals den Begriff „Ökologie" definierte: „Unter Oecologie verstehen wir die gesammte Wissenschaft von den Beziehungen des Organismus zur umgebenden Aussenwelt, wohin wir im weiteren Sinne alle ‚Existenz-Bedingungen' rechnen können. Diese sind theils organischer, theils anorganischer Natur; sowohl diese als jene sind, wie wir vorher gezeigt haben, von der grössten Bedeutung für die Form der Organismen, weil sie dieselbe zwingen, sich ihnen anzupassen."[8] Nun kam zum reinen Entwicklungsgedanken also derjenige an die zugrundeliegenden Bedingungen hinzu. Entwicklung betrifft demnach nicht allein das einzelne Individuum, sondern ebenso die Umgebung, in der es existiert.

Am grundsätzlichen Verständnis der Ökologie hat sich bis heute nichts verändert, aber es wurde und wird immer besser erforscht, wie das Zusammenwirken der die Entwicklung treibenden Kräfte funktioniert. Ebenso ist mittlerweile vieles von dem bekannt, was als Folge menschlicher Lebensart ökologische Zusammenhänge und Gleichgewichte stören kann. Seitdem der Club of Rome 1972 seinen Bericht über *Die Grenzen des Wachstums*[9] veröffentlichte, sind die warnenden Stimmen nicht mehr zu überhören. Neben vielem anderen ist bemerkenswert, dass und wie der norwegische Philosoph Arne Næss zur gleichen Zeit den Ökologie-Begriff erweiterte. In seinem Essay *Shallow and the Deep* publizierte er seine Gedanken zu einer „Tiefenökologie".[10] Mit diesem Begriff bezeichnete Næss eine dem Menschen mögliche holistische Grundhaltung, aus der heraus die tiefe Verbindung des eigenen Lebens mit dem Leben der ganzen Natur erlebt und erkannt werden kann.

Klaus Michael Meyer-Abich schloss daran an, als er in den 1980er Jahren vielfach zum von ihm so genannten „Frieden mit der Natur" publizierte. Besonders hervorzuheben ist, dass die tiefenökologische Denkweise durch Meyer-Abich derart angewendet wurde, dass nun anstelle einer „Umwelt" zunehmend von einer „Mitwelt" die Rede ist. Der ökologische Diskurs wurde dadurch justiert, so dass die Welt eben nicht mehr als umgebendes Gegenüber erfahren wird, sondern als die eine Welt, in der auch der Mensch mit seinem zuweilen auch fragwürdigen Verhalten und Handeln essenziell verankert ist. In seinem Buch *Aufstand für die Natur* führte er dazu aus: „Daraus, dass etwas zerstört worden ist, folgt noch nicht, dass dies nicht hätte geschehen dürfen. Auch wenn ein Haus naturnah gebaut wird, müssen Bäume ihr Leben lassen oder Steine zerschlagen werden. Damit eine Skulptur aus Stein oder Metall entstehen kann, wird die Erde aufgerissen und verletzt. Wenn Kultur der menschliche Beitrag zur Naturgeschichte ist, kann die Welt nicht so bleiben sollen, als wenn es keine Menschen gäbe. So richtig es ist, in der Umweltkrise dem Überschwang der Veränderung die möglichst weitgehende Enthaltsamkeit von den bisherigen Zerstörungen entgegenzusetzen: Uns so zu verhalten, als wären wir nicht da, scheint mir keine Lebensregel zu sein, die den Sinn des menschlichen Lebens trifft. Wieweit aber dürfen wir um den Preis anderen Lebens leben? Wofür sind wir verantwortlich und wo beginnt die Hybris? Wo scheiden sich Kultur und Zerstörung?"[11]

Wenn Meyer-Abich schreibt: „Die Natur des Ganzen ist in uns Mensch geworden"[12], erkennt er im menschlichen Dasein in den natürlichen Zusammenhängen einen besonderen Sinn und schließt an die Ideen von Teilhard de Chardin zur Noosphäre an, die wir bereits erwähnten. (→ 1.2) Vor diesem Hintergrund wurde klar, wie wichtig es ist, natürliche Kreisläufe zu beachten und menschliches Handeln danach auszurichten. In der „Permakultur"[13], die durch Bill Mollison und David Holmgren seit den 1980er Jahren entwickelt wurde, ist das die wesentlichste Grundlage allen praktischen Handelns.

Ökonomie

Nachdem bereits vor 12 000 Jahren in der neolithischen Revolution Produktion, Vorratshaltung und Sesshaftigkeit zu prägenden Merkmalen der Wirtschaft wurden, brachte die industrielle Revolution die entscheidenden Impulse für den Übergang zur heutigen, monetarisierten Ökonomie. Am Beginn dieser neuen Epoche wurde der Begriff „Kapitalismus" geprägt, um zu bezeichnen, worum es nun vornehmlich ging. Geld hatte seine Bedeutung als bloßes Tauschäquivalent und Verrechnungseinheit eingebüßt, insofern es selbst zur Ware geworden war.

Eigentlich bezeichnet man eine Wirtschaftsform als Kapitalismus, die auf Privateigentum an Produktionsmitteln und der Steuerung aller Prozesse durch den Markt beruht. Unter diesen Rahmenbedingungen wächst das Kapital, das zuletzt in Geldwerten erfasst wird. So begann man alles und jedes monetär zu berechnen, wodurch man sich mehr und mehr von der natürlichen Ordnung entfernte. Bezüglich des Geldes geriet in Vergessenheit, wozu es eigentlich gedacht war, und worin seine positiven Eigenschaften bestehen, denn schließlich hat Geld mit Wirtschaft genauso viel (oder so wenig) zu tun wie eine Armbanduhr mit der Zeit.

Im 19. und 20. Jahrhundert nahm während der Globalisierung der Märkte die Bedeutung der Banken und Aktienmärkte zu. Das ging so weit, dass heutzutage nur noch weniger als zehn Prozent des umlaufenden Geldes mit der Realwirtschaft (tatsächliche Produktion von Waren und Erbringen von Leistungen) zu tun hat, der Rest ist ausschließlich Gegenstand der spekulativen Finanzwirtschaft. In ihr will man das eingesetzte Kapital vollkommen losgelöst von jeder realen wirtschaftlichen Aktivität vermehren, also Geld mit Geld verdienen. So ist nicht erstaunlich, dass sich Phasen von Boom und Bust immer wieder abwechselten. Ein System, das in einer begrenzten Welt auf unbegrenztes Wachstum ausgelegt ist, muss irgendwann kollabieren. So kam es immer wieder zu Krisen und Zusammenbrüchen, beispielsweise in den 1920er Jahren zur Weltwirtschaftskrise oder zur Finanzkrise ab 2008.

Obwohl es, insbesondere nach dem Zweiten Weltkrieg, verschiedene Versuche gab, den Folgen des „Finanzkapitalismus" mit sozialen Reformen zu begegnen, blieb das Grundproblem bis heute ungelöst. Die Kluft zwischen Arm und Reich vergrößert sich immer mehr, und das hocheffiziente Wirtschafts- und Geldsystem ist insgesamt immer weniger resilient.

Im Strom der Veränderungen traten aber auch Menschen hervor, die Analysen und Lösungen außerhalb des Mainstream entwickelten. So zum Beispiel der Engländer Frederick Soddy und der deutsch-argentinische Kaufmann Silvio Gesell, die beide Zeitgenossen Rudolf Steiners waren. Während Soddy sich als Naturwissenschaftler mit der Problematik von Giralgeld und Zinssystem beschäftigte, nahm Gesell sich als Kaufmann der gleichen Fragestellungen an. Gesell entwickelte schließlich Vorschläge für eine „natürliche Wirtschaftsordnung", zu der neben einem als „Freigeld" bezeichneten Zahlungsmittel, das analog zu verderblichen Waren einem Wertverfall unterworfen ist, auch ein allgemeines Anrecht auf Böden gehört.

Obwohl sich im Werk von Frederick Soddy und von Silvio Gesell antisemitische oder sozialdarwinistische Untertöne finden, wurden ihre Ideen in der weiteren Entwicklung einer ökologischen Ökonomie immer wieder beachtet. Im Rahmen der Sozialen Bewegungen, die sich seit den 1960er Jahren formierten, ging es um alternative Wirtschafts- und Eigentumsformen, aber auch um komplementäre Währungen, die, neben den staatlich garantierten Zahlungsmitteln, ein ökologisch und sozial sinnvolles Leben ermöglichen können. In diesem Zusammenhang kam es ebenso zur Gründung genossenschaftlicher Landwirtschaftsprojekte und anderer selbstverwalteter Betriebe.

Ökosophie

Die auf Veränderung der gegebenen Verhältnisse ausgerichteten sozialen Bewegungen nährten die Sehnsucht nach einem natürlichen Leben, das abseits von Kapitalismus und Konsumzwang geführt werden kann. Dafür wurden die entsprechenden Gelegenheiten des Zusammenlebens und -wirtschaftens geschaffen. Das Spektrum reichte von Wohngemeinschaften über neue Formen für gemeinschaftlichen Immobilienbesitz bis zur Gründung von Landkommunen, in die Land- und Gartenwirtschaft direkt integriert sind.

Die Sehnsucht nach einem Leben im Einklang mit der Natur nährte eine neue Spiritualität. Als früher Protagonist dafür gilt Ralph Waldo Emerson, der nicht nur im 19. Jahrhundert mit seinen Ideen die Philosophiegeschichte der Vereinigten Staaten inspirierte, sondern auch Teile der globalen Ökologie-Bewegung des 20. Jahrhundert. Als eines seiner ersten Bücher veröffentlichte Emerson im Jahr 1836 *Nature*, eine kleine Schrift, in der er seine ökologisch ausgerichtete Philosophie komprimiert dargestellt hat. Darin schreibt er beispielsweise: „Die größte Wohltat, die uns Felder und Wälder gewähren, ist die Idee einer geheimen Verwandtschaft zwischen dem Menschen und der Pflanzenwelt. Ich bin nicht allein und unerkannt. Sie neigen sich mir zu, und ich neige mich ihnen zu. Das Schwingen der Zweige im Sturm kommt mir neuartig und doch wieder altbekannt vor. Es überrascht mich, und doch ist es mir nicht unbekannt. Seine Wirkung ist wie die eines höheren Gedankens oder einer edleren Gemütsbewegung, die über mich kommt, wenn ich meinte, ich dächte richtig und handelte recht."[14]

Schließlich befasst auch er sich mit dem Wesen menschlicher Taten, indem er auf den Unterschied zwischen Natur und Kunst zu sprechen kommt: „Philosophisch betrachtet ist das Universum zusammengesetzt aus Natur und Seele. Strenggenommen ist daher alles, was von uns getrennt ist, was die Philosophie als ‚Nicht-Ich' bezeichnet, das heißt, sowohl Natur als auch die Kunst, alle anderen Menschen und mein eigener Körper, unter diesen Begriff „Natur" einzuordnen. [...] *Natur* im gewöhnlichen Sinne bezieht sich auf vom Menschen unverändert gebliebene Dinge; der Raum, der Fluss, das Blatt. *Kunst* bezieht sich auf die Verbindung seines Willens mit den nämlichen Dingen, wie bei einem Haus, einem Kanal, einer Statue, einem Bild."[15]

Emerson inspirierte viele Menschen zu einem holistischen Welterleben und zu tiefsinnigen Reflexionen darüber. Natur „spricht" und kann zur Lehrmeisterin des Menschen werden. In diesem Sinne einflussreich für kommende Generationen war ebenso das Buch *Walden* von Henry David Thoreau, einem Freund Emersons, der darin seine Erfahrungen mit dem zurückgezogenen Leben an einem See im Wald von Concord beschreibt: „Erst wenn wir den Weg verloren haben, beziehungsweise wenn wir die Welt verloren haben, beginnen wir, uns selbst zu finden, und entdecken, wer wir sind und wie unendlich das Ausmaß unserer Verbindungen ist."[16]

Was mit einer gewissen Naturromantik begann, fand im 20 Jahrhundert seine Fortsetzung in vielen Versuchen, alte Religionen und Mythen für die Jetztzeit zu neuem Leben zu erwecken. Besonders die Lehren der amerikanischen Ureinwohner, aber auch buddhistische und hinduistische Traditionen, versuchte man zu adaptieren, was aber oft über ein folkloristisches Niveau nicht hinausreicht.

Ganz anderes verhält es sich mit der „Ökosophie", die durch den Priester und Philosophen Raimon Panikkar in den 1960er Jahren von Indien aus begründet wurde. Im Kern ging es ihm darum, jenseits von kulturellen und religiösen Konzepten die Erfahrung der Wirklichkeit zum Ausgangspunkt aller Überlegungen zu machen. Natur und Leben für sich genommen können insofern die besten Erkenntnisse vermitteln.

Der belgische Finanzexperte Bernard Lietaer, der in jungen Jahren Panikkar persönlich begegnet war, hatte dessen Philosophie später mit seinen eigenen Ideen für ein Geld- und Finanzsystem der Zukunft verbunden. In einem seiner Hauptwerke beschrieb er sehr prägnant, worum es in der Ökosophie geht: „Die Ökosophie beschäftigt sich damit, wie man weise mit der Umwelt und unserer Erde umgeht. Wie unsere wirtschaftlichen, monetären, geschäftlichen, politischen, soziologischen, psychologischen und ökologischen Modelle und Tätigkeiten miteinander zusammenhängen und unser gemeinsames Leben auf diesem Planeten beeinflussen. Die umfasst die unverzichtbare gemeinsame Grundlage, die jedem zuvor genannten Wissensgebiet zugrunde liegt. Die Ökosophie betrachtet die Spezies Mensch im Kontext seiner Biosphäre, zu der wir in wechselseitiger Abhängigkeit stehen. – Die Ökosophie ist nur ein Zeichen von vielen, dass unsere Zivilisation den Übergang von der Moderne zu einem, wie wir es nennen, Zeitalter der Integration geschafft hat. Die Grundlage für diesen Übergang lässt sich in den Veränderungen bei der Interpretation unseres physikalischen Weltbildes erkennen, die bereits vor einem Jahrhundert ihren Anfang nahmen. Wie bei früheren Veränderungen des Weltbildes – etwa der Kopernikanischen Revolution vor 500 Jahren – ist die Interpretation des physikalischen Universums der deutlichste Indikator für Veränderungen in einer Kultur."[17]

Übungsaufgaben zu Kapitel 1.4

In diesem Kapitel ging es um die drei Begriffe Ökologie, Ökonomie und Ökosophie. Versuchen Sie anhand des Textes mit eigenen Worten zu erklären, was jeweils gemeint ist.

1. Ökologie:

2. Ökonomie:

3. Ökosophie:

TEIL 2

2.1 Entstehung und Entfaltung der Anthroposophie
Biografie und Werk Rudolf Steiners

Heutzutage kann man im alltäglichen Leben vielerorts den Wirkungen der Anthroposophie begegnen, weil sie in den verschiedensten Bereichen Anwendung findet. Rudolf Steiner, der mit seinem Lebenswerk all das initiierte, gilt so gesehen als eine der wirksamsten Personen des 20. Jahrhunderts. Über seine ausgesprochen facettenreiche Biografie sind im Laufe der Zeit viele Bücher geschrieben worden. Wir wollen hier in drei Abschnitten – Kindheit und Jugend (1861 bis 1883), erste berufliche Stationen (1884 bis 1896) und Theosophie und Anthroposophie (1897 bis 1925) – einen kurzen Überblick schaffen, der uns für ein erstes Verständnis der Anthroposophie hilfreich sein kann.

Kindheit und Jugend

Rudolf Joseph Lorenz Steiner, wie er mit vollem Namen hieß, wurde am 27. Februar 1861 in Donji Kraljevec im heutigen Kroatien als erstes von drei Geschwistern – es folgten seine Schwester Leopoldine (1863–1927) und sein Bruder Gustav (1866–1941) – geboren und im katholischen Glauben getauft. Die Lebensverhältnisse der Familie waren schlicht und einfach. Weil die berufliche Tätigkeit des Vaters als Bahntelegrafist und -wärter viele Umzüge erforderte, verbrachte Rudolf Steiner seine Kindheit und Jugend an einigen verschiedenen Orten. Ähnlich bewegt war seine erste Schulzeit. Nachdem ein Lehrer ihn zu Unrecht beschuldigt hatte, Tische beschmiert zu haben, nahm der Vater den gerade mal Sechsjährigen aus der Schule, um ihn in seinem Dienstraum im Bahnhof fortan für zwei Jahre selbst zu unterrichten. Der kleine Junge war von dieser Umgebung fasziniert: „Auf diesen Bahnhof und auf alles, was sich dort abspielt, richtet sich die Aufmerksamkeit des Kindes. Zum ersten Mal beginnt in der empfindsamen Kinderseele das undeutliche Bewusstsein eines Gegensatzes durchzubrechen, der später in seinem Leben von so großer Bedeutung sein sollte: der Gegensatz zwischen der Natur, wie sie sich dem Menschen offenbart, und der Technik, die dieser sich selbst schafft."[18]

Schließlich wurde er in die Grundschule in Neudörfl aufgenommen, die er für drei Jahre besuchte. In diese Zeit fiel ein prägendes Erlebnis vom Zusammenhang der äußeren und inneren Welt. Rudolf Steiner hatte im Zimmer des Hilfslehrers ein Geometriebuch entdeckt, das er ausleihen durfte und dann begeistert studierte. In seiner Autobiografie erinnerte er sich später daran, wie glücklich er darüber war, dass er „seelisch in der Ausbildung rein innerlich angeschauter Formen leben könne, ohne Eindrücke der äußeren Sinne, das gereichte mir zur höchsten Befriedigung. […] Rein im Geiste etwas erfassen zu können, das brachte mir ein inneres Glück. […] Ich sagte mir: die Gegenstände und Vorgänge, welche die Sinne wahrnehmen, sind im Raume. Aber ebenso wie dieser Raum außer dem Menschen ist, so befindet sich im Innern eine Art Seelenraum, der der Schauplatz geistiger Wesenheiten und Vorgänge ist. In den Gedanken konnte ich nicht etwas sehen wie Bilder, die sich der Mensch von den Dingen macht, sondern Offenbarungen einer geistigen Welt auf diesem Seelenschauplatz. Als ein Wissen, das scheinbar von dem Menschen selbst erzeugt wird, das aber trotzdem eine von ihm ganz unabhängige Bedeutung hat, erschien mir die Geometrie. Ich sagte mir als Kind natürlich nicht deutlich, aber ich fühlte, so wie Geometrie muss man das Wissen von der geistigen Welt in sich tragen."[19]

Im dörflichen Leben begegnete das Kind der Landarbeit und den bäuerlichen Traditionen. Den gesellschaftlichen Gepflogenheiten gemäß nahm er regelmäßig, auch als Ministrant, am katholischen Gottesdienst teil.

„Vor uns steht das Bild eines ruhigen, stillen Kindes, das entschlossen seinen eigenen Lebensweg geht und zu einem jungen Manne mit einem starken Seelenleben heranreift. Er nahm alles wahr, was die Welt um ihn herum ihm an Erscheinungen und Geschehnissen darbot, und er lebte in sich in der Welt der Gedanken, immer beschäftigt mit der großen Frage, die später sein Leben beherrschen sollte: die Frage nach dem Verhältnis von innerer und äußerer Welt, der unsichtbaren und der sichtbaren, der Welt des Geistes und der Welt der wahrnehmbaren Erscheinungen."[20]

Folgerichtig vollzog sich im Jugendalter eine weitere Entwicklung, insofern es nun darum ging, die seelischen Erlebnisse in klaren Gedanken zu verarbeiten. So kaufte er sich eine preiswerte Reclam-Ausgabe der *Kritik der reinen Vernunft*, nahm sie auseinander und legte die einzelnen Seiten in sein Geschichtsbuch, um sich auf diese Weise während dem Schulunterricht mit der Philosophie Immanuel Kants zu befassen.

Im Jahr 1879 verließ er die Oberrealschule und begann ein Studium an der Technischen Hochschule in Wien. Mathematik und Naturwissenschaften waren seine Fächer, wobei er nebenher auch Lehrveranstaltungen in Philosophie, Literatur und Geschichte besuchte. Er studierte nun unter anderem die *Wissenschaftslehre* von Johann Gottlieb Fichte, der sich in diesem philosophischen Werk intensiv mit dem Ich des Menschen befasst. Dadurch konnte sich für Rudolf Steiner eine besondere Art inneren Erlebens klären, für die er sonst nur schwer Verständnis fand.

„Mit aller Anschaulichkeit offenbarte sich mir an jedem Menschen seine geistige Individualität. Diese hatte in der physischen Leiblichkeit und in dem Tun in der physischen Welt nur ihre Offenbarung. Sie vereinte sich mit dem, was als physischer Keim von den Eltern herrührte. Den gestorbenen Menschen verfolgte ich weiter auf seinem Wege in die geistige Welt hinein. Einem meiner früheren Lehrer, der mir auch nach meiner Realschulzeit freundschaftlich nahe blieb, schrieb ich einmal nach dem Tode eines Mitschülers über diese Seite meines Seelenlebens. Er schrieb mir ungewöhnlich lieb zurück, würdigte aber, was ich über den verstorbenen Mitschüler schrieb, keines Wortes."[21]

Anders verhielt es sich mit Karl Julius Schröer, einem Sprach- und Literaturwissenschaftler, der an der Technischen Hochschule Vorlesungen über deutsche Literatur hielt und mit den Studenten Übungen in freier Rede und im Schreiben machte. Schröer gehörte zu denjenigen Personen, die Rudolf Steiner biografisch besonders prägten. Vor allem seine intensive Beschäftigung mit Johann Wolfgang von Goethe begann aufgrund der Anregungen Schröers, aber auch die Oberuferer Weihnachtsspiele, die in vielen anthroposophischen Einrichtungen bis heute regelmäßig zur Aufführung kommen, lernte er durch ihn kennen.

Ebenso prägend wie die Begegnung mit Karl Julius Schröer war die mit dem „Kräutersammler", einem einfachen, schlichten Mann, der in Wien selbstgesammelte Kräuter verkaufte. Mit ihm konnte Rudolf Steiner über Erfahrungen der geistigen Welt sprechen und erfuhr manches über einen anderen Blick in die Natur.

„Da geschah es, dass ich mit einem einfachen Manne aus dem Volke bekannt wurde. Er fuhr jede Woche mit demselben Eisenbahnzuge nach Wien, den ich auch benützte. Er sammelte auf dem Lande Heilkräuter und verkaufte sie in Wien an Apotheken. Wir wurden Freunde. Mit ihm konnte man über die geistige Welt sprechen wie mit jemand, der Erfahrung darin hatte. Er war eine innerlich fromme Persönlichkeit. In allem Schulmäßigen war er ungebildet. Er hatte zwar viele mystische Bücher gelesen; aber, was er sprach, war ganz unbeeinflusst von dieser Lektüre. Es war der Ausfluss eines Seelenlebens, das eine ganz elementarische, schöpferische Weisheit in sich trug. Man konnte bald empfinden: er las die Bücher nur, weil er, was er durch sich selbst wusste, auch bei andern finden wollte. Aber es befriedigte ihn nicht. Er offenbarte sich so, als ob er als Persönlichkeit nur das Sprachorgan wäre für einen Geistesinhalt, der aus verborgenen Welten heraus sprechen wollte. Wenn man mit ihm zusammen war, konnte man tiefe Blicke in die Geheimnisse der Natur tun. Er trug auf dem Rücken sein

Bündel Heilkräuter; aber in seinem Herzen trug er die Ergebnisse, die er aus der Geistigkeit der Natur bei seinem Sammeln gewonnen hatte."[22]

Das Studium der Philosophie und der Umgang mit inneren Erfahrungen ergaben schließlich den Ausgangspunkt für eine Erkenntnistheorie, die Rudolf Steiner im Jahr 1882 in dem Aufsatz *Einzig mögliche Kritik der atomistischen Begriffe* als seinem schriftlichen Erstlingswerk zusammengefasst darstellte: Die Bedeutung sinnlicher Erfahrungen und geistiger Begriffsbildungen für das Zustandekommen von Erkenntnissen. Wenig später, im Jahr 1883, beendete er auch aus finanziellen Gründen sein Studium ohne Abschlussexamen.

Erste berufliche Stationen

Seine Lebenswege führten ihn nun nach Wien, wo er als Hauslehrer die vier Kinder eines Baumwollimporteurs unterrichtete. Hier sammelte er nicht nur weitere pädagogische Erfahrungen – er hatte sich bereits als Student als Nachhilfelehrer betätigt –, sondern auch solche auf heilpädagogischem Gebiet. Eines der Kinder litt an einem Hydrocephalus, was Rudolf Steiner dazu veranlasste, sich ihm besonders zuzuwenden. Das Kind wurde dadurch gesund und konnte später sogar Medizin studieren und Arzt werden.

Um seinen Lebensunterhalt zu bestreiten betätigte Steiner sich darüber hinaus als Redakteur, Autor sowie als Herausgeber der naturwissenschaftlichen Schriften Goethes, wozu er aufgrund der Empfehlung Karl Julius Schröers bereits 1882 als Student gekommen war. Diese Tätigkeit veranlasste ihn 1892 zu einem Umzug nach Weimar, wo er im Haushalt der gerade verwitweten acht Jahre älteren Anna Eunike (1853–1911) – seiner späteren, ersten Ehefrau – und ihrer fünf Kinder wohnte. Für die Entwicklung der Anthroposophie war in dieser Zeit die Begegnung mit Friedrich Schillers Briefen *Über die ästhetische Erziehung des Menschen* von Bedeutung. Die Idee der

Dreigliederung hat in dem darin entwickelten Menschenbild einen ihrer Ursprünge.

„Der Hinweis darauf, dass das menschliche Bewusstsein zwischen verschiedenen Zuständen gleichsam hin und her schwinge, bot eine Anknüpfung an das Bild, das ich mir von dem inneren Wirken und Weben der menschlichen Seele gemacht hatte. Schiller unterscheidet zwei Bewusstseinszustände, in denen der Mensch sein Verhältnis zur Welt entwickelt. Überlässt er sich dem, was in ihm sinnlich wirkt, so lebt er unter der Nötigung der Natur. Die Sinne und die Triebe bestimmen sein Leben. Stellt er sich unter die logische Gesetzmäßigkeit der Vernunft, so lebt er in einer geistigen Notwendigkeit. Aber er kann einen mittleren Bewusstseinszustand in sich entwickeln. Er kann die ‚ästhetische Stimmung' ausbilden, die weder einseitig an die Naturnötigung, noch an die Vernunftnotwendigkeit hingegeben ist. In dieser ästhetischen Stimmung lebt die Seele durch die Sinne; aber sie trägt in die sinnliche Anschauung und in das von der Sinnlichkeit angeregte Handeln ein Geistiges hinein. Man nimmt mit den Sinnen wahr, aber so, als ob das Geistige in die Sinne eingeströmt wäre."[23]

Dass die gegebene Natur für den Menschen nicht alles ist, sondern im Erkenntnisprozess durch etwas ergänzt wird, was zu dem von der Natur Gegebenen hinzukommt, ist in der Anthroposophie von zentraler Bedeutung. In seinem 1886 entstandenen Buch *Grundlinien einer Erkenntnistheorie der Goetheschen Weltanschauung* stellt Rudolf Steiner das ausführlich dar. Fünf Jahre später reichte er, der ohne ein Abschlussexamen in Österreich keinen akademischen Grad erwerben konnte, an der Philosophischen Fakultät der Universität in Rostock zum gleichen Thema eine Doktorarbeit ein, die ein Jahr später unter dem Titel *Wahrheit und Wissenschaft* veröffentlicht wurde. Als schließlich 1893 auch das angekündigte Werk *Die Philosophie der Freiheit* erschien, war ein Grundstein der Anthroposophie komplett gelegt und ausführlich begründet: Der Mensch nimmt durch die Sinne die physische Seite der Welt wahr, durch seine geistigen Wahrnehmungen die geistige Seite. In der Erkenntnis kommt beides zusammen.

„Mensch und Welt sind äußerlich voneinander getrennt. In der Seele aber begegnen sich beide. Bewusst wird diese Begegnung erst im Denken. Lebt der Mensch in der Welt der Gedanken, in die er geistig erwachend eintreten kann, schult er sich an der *Philosophie der Freiheit*, dann geht er die ersten Schritte in diese alles durchdringende Welt. Gewöhnlich erlebt man nur ihr sinnliches Bild. Wer aber die aus dem Geiste geborenen Gedanken kennenlernt, dringt zu der Welt durch, die uns durch die sinnlichen Wahrnehmungen verborgen gehalten wird."[24]

Theosophie und Anthroposophie

Im Jahr 1897 zog Rudolf Steiner nach Berlin. Dieter Brüll bezeichnet die nun folgende Zeit als die „[…] radikalen Berliner Jahre, in denen Rudolf Steiner sich aller konventionellen Fesseln entledigte. Als Freier im Bund der Freien; als Mitglied des atheistischen Giordano-Bruno-Bundes; als Verteidiger der darwinistisch Haeckel'schen Naturphilosophie gegen kirchlich-dogmatische Auffassungen; als Kulturreferent, der seine Blitze gegen jene schleuderte, die wertvollem Neuen den Weg verlegten; als vereint mit Mackay sich zum individuellen Anarchismus Bekennender […]".[25]

Eine Zäsur ergab sich 1899 durch seine Heirat mit Anna Eunike, die Rudolf Steiner nach Berlin gefolgt war. Im Erwerbsleben betätigte er sich nun für die folgenden sechs Jahre an der sozialistisch geprägten Berliner Arbeiter-Bildungsschule als Lehrer für Geschichte und freies Sprechen. In dieser Zeit lernte Steiner Marie von Sivers kennen, die er zehn Jahre nach seiner im Jahr 1904 erfolgten Trennung von Anna Eunike geheiratet hat.

Parallel zur Tätigkeit in der Arbeiter-Bildungsschule war ab 1900 ein Kontakt zur Theosophischen Gesellschaft entstanden. Es begann mit einem Gedenkvortrag, den Rudolf Steiner nach dem Tod von Friedrich Nietzsche in der Theosophischen Bibliothek der Eheleute von Brockdorff hielt, und einem weiteren über *Goethes geheime Offenbarung*. Daran anschließend folgte eine Vortragsreihe zur *Mystik im Aufgange des neuzeitlichen Geisteslebens und ihr Verhältnis zur modernen Weltanschauung*, die später in Buchform veröffentlicht wurde. Ebenso verfuhr Rudolf Steiner mit Vorträgen zum Thema *Das Christentum als mystische Tatsache und die Mysterien des Altertums*. Beide Bücher gelten bis heute als Grundlagenwerke der Anthroposophie.

Nachdem im Rahmen der theosophischen Gesellschaft in Deutschland sein Bekanntheitsgrad zugenommen hatte und er 1902 zu ihrem Generalsekretär geworden war, bereiste Rudolf Steiner als Vortragsredner viele deutsche und europäische Städte. Bis zu seinem Tod wurden es weit über 6000 Vorträge, die, zum großen Teil stenografiert, einen großen Teil seines Werks ausmachen. Die Art seines Auftretens war für viele Menschen außerordentlich beeindruckend.

„Rudolf Steiner spricht frei, ohne Notizen, gleichsam improvisierend. So hält er mehr als hundert, manchmal mehr als zweihundert Vorträge im Jahr, fast alle verschieden, über die unterschiedlichsten Gegenstände. […] Mit harmonischen Arm- und Handbewegungen begleitet Rudolf Steiner seine Worte. Es ist kein willkürliches Gestikulieren, auch kein Gebärdenspiel, das aus dem Affekt heraus spricht. Es ist vielmehr die natürliche Fortsetzung dessen, was in der Seele der Sprache lebt und sich von der Brust aus durch Arme und Hände weiter ausdrücken möchte. – Eine ungewöhnliche Lebendigkeit kennzeichnet die ganze Vortragsweise. Auch dort, wo große Ruhe, tiefe innere Stille das Gesprochene beherrscht, ist noch eine feine, fortwährende Bewegung in den Gebärden und im Antlitz zu spüren."[26]

„Seine Vortragszyklen sind unvergesslich; in ihnen bewies sich seine Einzigartigkeit. Man musste einige von ihnen gehört haben, um einzusehen: nach einem einzigen Zyklus kann man weder über Steiner als Vortragenden noch über seine Vorträge urteilen. In jedem Zyklus war er ein anderer; ich meine nicht das Thema und auch nicht Einzelheiten der Gestik, Mimik, Intonation; eine C-Dur-Tonleiter enthält sieben Töne, und aller Reichtum der individuellen Melodien ist in diesen sieben Grundtönen, den Gebärden, vorgegeben; ich meine ein Gefüge von Intonationsgebärden, ein Phänomen, das ich an keinem anderen Redner beobachtet habe. [...] Nur an Steiner konnte ich etwas beobachten, was ich an keinem anderen Redner beobachtet habe: die Melodie des Gebärdengefüges; in jedem Kurs war sie eine andere und jeder Zyklus hatte sein eigenes unwiederholbares Gestikulations-Thema."[27]

Aufgrund verschiedener Unstimmigkeiten kam es 1912 zur Trennung von der Theosophischen Gesellschaft und zur Gründung der dann so genannten Anthroposophischen Gesellschaft (am 28. Dezember 1912 in Köln). Unter ihrem Dach wurde die Vortragstätigkeit noch weiter intensiviert und ausgedehnt, was wegen der großen Nachfrage durch eine Konzertagentur organisiert wurde.

Als weiteres besonderes Element im Wirken Rudolf Steiners kam nun die Kunst hinzu. Zwischen 1910 und 1913 wurden die von ihm verfassten *Mysteriendramen* uraufgeführt, denen er die Anthroposophie zugrunde gelegt hatte, und in den Jahren von 1913 bis 1922 entstand im schweizerischen Dornach das Goetheanum als Zentrum der Anthroposophischen Gesellschaft und Sitz der geplanten *Freien Hochschule für Geisteswissenschaft*. Dieser Bau, dessen Formen für die organische Architektur stilbildend waren, wurde von einer großen Gruppe von Handwerker:innen und Künstler:innen nach Entwürfen Rudolf Steiners umgesetzt.

„Im Zusammenwirken der Künste, wie es in der Innenraumgestaltung des ersten Goetheanum zutage tritt, wurde ein weiteres künstlerisches Ziel des Jugendstil-Impulses erstmals zur Wirklichkeit: das integrierende Gesamtkunstwerk. Was erst 1919 im Bauhaus-Manifest durch Gropius öffentlich gefordert und seither oft als künstlerisches Prinzip des Bauhauses angesehen wird, war in Wirklichkeit ein Bestreben, das dem künstlerischen Aufbruch vor der Jahrhundertwende entsprang. [...] Der Idealismus dieser Werkgemeinschaft trug so stark, dass auch während des Weltkrieges Angehörige von 17 miteinander verfeindeten Nationen das Goetheanum zusammen aufbauten, während im benachbarten Elsass ihre Landsleute erbitterte Schlachten ausfochten."[28]

Heutzutage kann in Dornach ein Nachfolgebau besucht werden, der in Beton ausgeführt wurde; ebenfalls nach Entwürfen Rudolf Steiners. Der Vorgängerbau wurde in der Silvesternacht 1922/23 durch Brandstiftung zerstört.

Phänomenal ist, dass in dem kurzen Zeitraum der Jahre von 1919 bis 1924 zahlreiche sogenannte „Tochterbewegungen" entstanden, durch die bis heute anthroposophische Ideen und Sichtweisen unmittelbar in das praktische Leben gebracht werden. Auf den verschiedenen beruflichen Feldern zeigt sich die Kraft des kulturell bedeutenden Impulses, der von Rudolf Steiner ausging immer wieder von neuem.

Im September 1924 musste Rudolf Steiner aufgrund einer schweren Erkrankung seine Vortragstätigkeit beenden. In den Monaten bis zu seinem Tod am 30. März 1925 lebte er sehr zurückgezogen in seinem Atelier am Goetheanum in Dornach. Seine sterblichen Überreste wurden nach der Kremation zunächst im Goetheanum aufbewahrt, bis sie schließlich 1992 im Gedenkhain des Goetheanum neben dem Urnengrab des Schriftstellers Christian Morgenstern beigesetzt wurden.

2.2 Die Welt
Alles ist eins

Als „Welt" wird in der Anthroposophie nicht nur das bezeichnet was sich den Sinnen äußerlich darbietet. Es ist damit mehr, nämlich auch eine seelisch-geistige Welt gemeint, wobei nicht ein Diesseits und Jenseits voneinander unterschieden werden. Vielmehr geht es um die Vorstellung der Durchdringung verschiedener Formen des Daseins, derer der Mensch sich bewusstwerden kann. Den Anlass dazu findet er nicht in zurückgezogener Einkehr, sondern im unbefangenen, aufmerksamen Leben im Hier und Jetzt.

Die Welt mit anderen Augen sehen

Wir haben eben (→ 2.1) erfahren, dass Rudolf Steiner sich schon früh mit einer so genannten „geistigen Welt" befasste, die er als solche konkret erlebte. In diesem Sinne beschäftigte er sich schon als Kind mit der Geometrie und als Jugendlicher mit der Philosophie. Als er im Jahr 1910 sein grundlegendes Werk *Theosophie – Einführung in übersinnliche Welterkenntnis und Menschenbestimmung* veröffentlichte, bezog er sich in der Einleitung auf Johann Gottlieb Fichte, um zu verdeutlichen, welche Schwierigkeit damit verbunden ist, über die geistige Welt Aussagen zu machen:

„Als Johann Gottlieb Fichte im Herbst 1813 seine ‚Lehre' als reife Frucht eines ganz dem Dienste der Wahrheit gewidmeten Lebens vortrug, da sprach er gleich im Anfange folgendes aus: ‚Diese Lehre setzt voraus ein ganz neues inneres Sinneswerkzeug, durch welches eine neue Welt gegeben wird, die für den gewöhnlichen Menschen gar nicht vorhanden ist.‘ Und dann zeigte er an einem Vergleich, wie unfasslich diese seine Lehre demjenigen sein muss, der sie mit den Vorstellungen der gewöhnlichen Sinne beurteilen will: ‚Denke man eine Welt von Blindgeborenen, denen darum allein die Dinge und ihre Verhältnisse bekannt sind, die durch den Sinn der Betastung existieren. Tretet unter diese und redet ihnen von Farben und den anderen Verhältnissen, die nur durch das Licht und für das Sehen vorhanden sind. Entweder ihr redet ihnen von Nichts, und dies ist das Glücklichere, wenn sie es sagen, denn auf diese Weise werdet ihr bald den Fehler merken und, falls ihr ihnen nicht die Augen zu öffnen vermögt, das vergebliche Reden einstellen.‘ Nun befindet sich allerdings derjenige, der von solchen Dingen zu Menschen spricht, auf welche Fichte in diesem Falle deutet, nur zu oft in einer Lage, welche der des Sehenden zwischen Blindgeborenen ähnlich ist.“[29]

Schon die vertraute, alltägliche Welt kann aus unterschiedlichen Blickwinkeln wahrgenommen werden und wird darum immer eine andere sein. In den ersten Lebensjahren erscheint sie dem Menschen rätselhaft und groß, Erwachsene entdecken in ihr einen Lebensraum, der gestaltet werden kann, Künstler:innen finden sich beeindruckt von ihrer Schönheit und Wissenschaftler:innen können interessiert danach fragen, nach welchen Regeln das Leben sich entfaltet. Das alles ist sehr speziell und von der Lebenssituation der jeweiligen Person abhängig. Ralph Waldo Emerson schrieb hingegen von einer „Ganzheit des Eindrucks“, der sich über jede Einzelwahrnehmung hinaus offenbaren kann. Damit beginnt auch im anthroposophischen Sinne die geistige Erfahrung der Natur:

„Die Natur tritt niemals unbedeutend in Erscheinung. [...] Wenn wir in dieser Weise von der Natur sprechen, haben wir eine bestimmte, aber höchst dichterische Bedeutung im Sinn. Wir meinen die Ganzheit des Eindrucks den mannigfaltige natürliche Objekte machen. Dies ist es auch, was das Scheit des Holzfällers vom Baum des Dichters unterscheidet. [...] Um die Wahrheit zu sagen, wenige Erwachsene können die Natur sehen. Die meisten sehen die Sonne nicht. Zumindest ist ihr

Sehen sehr oberflächlich. Die Sonne bescheint nur das Auge des Mannes, aber in das Auge und das Herz des Kindes scheint sie hinein."[30]

Dieses Zitat Emersons impliziert, dass es jedem Menschen möglich ist, die Natur mit anderen Augen zu sehen. Was dem Kind altersbedingt noch natürlich zu eigen ist, kann ein Erwachsener bei entsprechender innerer Einstellung auch erleben. Es ist die Möglichkeit einer Entwicklung gemeint, zu der sich in der Anthroposophie viele Beschreibungen und Anregungen finden. In besagter Einleitung zur *Theosophie* fährt Rudolf Steiner darum auch fort:

„Aber diese Dinge sind doch diejenigen, die sich auf des Menschen wahres Wesen und höchstes Ziel beziehen. Und es müsste somit derjenige an der Menschheit verzweifeln, der glauben wollte, dass es nötig sei, ‚das vergebliche Reden einzustellen'. Keinen Augenblick darf vielmehr daran gezweifelt werden, dass es in Bezug auf diese Dinge möglich sei, jedem ‚die Augen zu öffnen', der den guten Willen dazu mitbringt. – Aus dieser Voraussetzung heraus haben daher alle diejenigen gesprochen und geschrieben, die in sich fühlten, dass ihnen selbst das ‚innere Sinneswerkzeug' erwachsen sei, durch das sie das den äußeren Sinnen verborgene wahre Wesen des Menschen zu erkennen vermochten. Seit den ältesten Zeiten wird daher immer wieder und wieder von solcher ‚verborgenen Weisheit' gesprochen."[31]

Umwelt und Mitwelt

Was in der Anthroposophie als geistige, „übersinnliche" Welt bezeichnet wird, ist nicht als ein von der irdischen Welt getrenntes Jenseits zu verstehen. Am Kristall zeigt sie sich schon in seiner klaren Form, an der Blüte in Farbe und Duft, an der schwingenden Saite im klingenden Ton. Diese Art des Erscheinens der irdischen Welt kann als Übergang zu einem Bereich erfahren werden, der einer oberflächlichen Betrachtung verschlossen bleibt, auf den der Mensch seine Aufmerksamkeit aber ganz bewusst zu richten vermag. Sich für das Wahrnehmen dieser

Zonen des Übergangs zu schulen, ist einem künstlerischen Entwicklungsprozess sehr ähnlich. In diesem Sinne ist die spirituelle Schulung zu verstehen.

Es kommt hinzu, dass es in der Anthroposophie nicht darum geht, sich aus der Welt zurückzuziehen. Ganz im Gegenteil ermöglicht die immer genauere Beobachtung der Welt immer feinere Wahrnehmungen. Für diese Wahrnehmungen ist der Mensch selbst das Instrument, denn in seinem Bewusstsein werden die Eindrücke der äußeren Welt mit den darauf bezogenen Gedanken verbunden, woraus schließlich die Erkenntnis resultiert. (→ 2.4) Dieser Vorgang der immer wiederholten bewussten und unbefangenen Verbindung der eigenen Aufmerksamkeit mit der Welt ist ein Schlüssel zur spirituellen Entwicklung, wie sie in der Anthroposophie verstanden wird.

In seinem Buch *Wie erlangt man Erkenntnisse der höheren Welten?* aus dem Jahr 1904 hat Rudolf Steiner den anthroposophischen Weg geistiger Schulung sehr detailliert beschrieben. Zuletzt, so heißt es dort, ereignet sich die Begegnung mit einem geistigen Wesen, das als das höhere, überlegene Selbst des Menschen verstanden werden kann. Dieses Wesen fordert dazu auf, von den eigenen Interessen abzusehen, in die irdische Welt zurückzukehren und alle Fähigkeiten zugunsten anderer einzusetzen.

„Sieh, wie unermesslich erhaben ich über all dem stehe, was du heute bereits aus dir gemacht hast. Du bist zu der gegenwärtigen Stufe deiner Vollendung gekommen durch die Fähigkeiten, welche du in der Sinnenwelt entwickeln konntest, solange du noch auf sie angewiesen warst. Nun aber muss für dich eine Zeit beginnen, in welcher deine befreiten Kräfte weiter an dieser Sinnenwelt arbeiten. Bisher hast du nur dich selbst erlöst, nun kannst du als ein Befreiter alle deine Genossen in der Sinnenwelt mit befreien. Als einzelner hast du bis heute gestrebt; nun gliedere dich ein in das Ganze, damit du nicht nur dich mitbringst in die übersinnliche Welt, sondern alles andere, was in der sinnlichen vorhanden ist. Mit meiner Gestalt wirst du dich einst vereinigen können, aber ich kann kein Seliger sein, solange es noch

Unselige gibt! Als einzelner Befreiter möchtest du immerhin schon heute in das Reich des Übersinnlichen eingehen. Dann aber würdest du hinab schauen müssen auf die noch unerlösten Wesen der Sinnenwelt. Und du hättest dein Schicksal von dem ihrigen getrennt. Aber ihr seid alle miteinander verbunden. Ihr musstet alle hinabsteigen in die Sinnenwelt, um aus ihr heraufzuholen die Kräfte für eine höhere. Würdest du dich von ihnen trennen, so missbrauchtest du die Kräfte, die du doch nur in Gemeinschaft mit ihnen hast entwickeln können. Wären sie nicht hinabgestiegen, so hättest es auch du nicht können; ohne sie fehlten dir die Kräfte zu deinem übersinnlichen Dasein. Du musst diese Kräfte, die du mit ihnen errungen hast, auch mit ihnen teilen. Ich wehre dir daher den Einlass in die höchsten Gebiete der übersinnlichen Welt, solange du nicht alle deine erworbenen Kräfte zur Erlösung deiner Mitwelt verwendet hast."[32]

Hier taucht der Begriff „Mitwelt" im ganz umfassenden Sinne auf, insofern er alle Lebewesen, nicht etwa nur die Mitmenschen, umfasst. Auch in der fragmentarisch gebliebenen Schrift *Die Stufen der höheren Erkenntnis* aus den Jahren 1905 bis 1908 taucht der Begriff in gleicher Konnotation auf. Zugleich wird darauf hingewiesen, dass und warum es wichtig ist, spirituelle Entwicklung von den Erfahrungen der physischen, gegenständlichen Welt aus zu suchen: „Wer aber, ohne von der physischen Welt auszugehen, in den höheren Gebieten des Daseins erweckt wird, der wird allerdings nur zu leicht dem Leben entfremdet; er wird zum Einsiedler, der seiner Mitwelt ohne Verständnis und Anteil gegenübersteht."[33]

Es wird dem Menschen bewusst, worauf es für ihn eigentlich ankommt und inwiefern das mitweltliche Naturerleben zwar als Übergang aus dem gewöhnlichen Bewusstsein verstanden werden kann, es nun aber darauf ankommt, aufgrund freier Entscheidung den Schritt zurück zu den irdischen Lebens- und Weltverhältnissen zu tun. Es geht darum, die Natur holistisch zu erleben, insofern die vermeintliche Trennung zwischen Wesen und Welt im mitweltlichen Erleben aufgehoben ist: Jedes Wesen ist die Welt, die ganze Welt ist jedes Wesen.

Himmel und Erde

Im *Landwirtschaftlichen Kurs* wird oft über den Kosmos, die Planeten und deren Wirkungen gesprochen. Ebenso charakteristisch sind die Ausführungen zum Hoforganismus. Und dann, zwischen dem Blick in die Weiten des Kosmos und in die unmittelbare Nähe des landwirtschaftlichen Betriebes, geht es auch immer wieder um den Menschen, der in seinem Handeln die Verbindung des einen mit dem anderen hegt und pflegt. Wir kommen darauf später noch ausführlich zurück. (→ Band II und III)

Dem grundsätzlich ganzheitlichen Verständnis folgend, wird in der Anthroposophie der Kosmos nicht anders als das Leben der Erde und aller auf ihr existierenden Wesen verstanden. Alles befindet sich in einem Vorgang dauernder Wandlung, in dem sich Entwicklung ereignet. Kosmogonie und Biologie sind Ausdruck des alles durchdringenden Lebens. So beschreibt Rudolf Steiner analog zur Entwicklung des Menschen (→ 2.3) aufeinanderfolgende Entwicklungsstufen der Welt, die darin ebenfalls einem Werden und Vergehen unterliegt.

„Wir müssen nur, wenn wir in einem solchen Zusammenhang über die Erde und ihre Tatsachen sprechen, uns klar darüber sein, dass wir die Erde nicht auffassen dürfen als den bloßen Zusammenhang von Mineralien und Gesteinen, als der sie von der mineralogischen und geologischen Wissenschaft angesehen wird, sondern wir müssen die Erde als einen lebendigen, beseelten Organismus ansehen, der aus seinen inneren Kräften das Pflanzliche, das Tierische, das Physisch-Menschliche hervortreibt. Sodass, wenn wir von einem gewissen Gesichtspunkt, wie wir es nun tun werden, von der Erde sprechen, wir die Gesamtheit alles Lebendigen, alles beseelt Körperlichen, das sich auf der Erde findet, zu dem Wesen der Erde hinzurechnen wollen."[34]

So haben auch die Planeten und die Erde im Laufe ihrer Entwicklung schon viele Veränderungen durchgemacht. Insofern gilt das Prinzip der Reinkarnation nicht nur für den einzelnen Menschen, sondern ebenso für die ganze Welt. Versteht man es in dieser Weise, erscheinen auch die Jahreszeiten in anderem Licht, nämlich wie ein Atmungsvorgang, der sich über jeweils zwölf Monate hinweg ereignet. In diesem Prozess, der für die ganze Erde im Großen ebenso stattfindet wie für den einzelnen Menschen im Kleinen, finden sich die verschiedenen Welten miteinander vereint.

„Wir wollen heute einmal diesen Kreislauf der Erde als eine Art großer Atmung betrachten, welche die Erde vollzieht gegenüber ihrer kosmischen Umgebung. Wir können noch andere Vorgänge, die an der Erde und um die Erde sich abspielen, als eine Art Atmungsvorgänge auffassen. Wir können auch von einer täglichen Atmung der Erde sprechen. Allein wir wollen heute einmal den Jahreslauf im Großen wie einen mächtigen Atmungsprozess der Erde ins Auge fassen, wobei allerdings nicht die Luft von der Erde aus- und eingeatmet wird, sondern diejenigen Kräfte, welche zum Beispiel in der Vegetation des Pflanzlichen wirken, die Kräfte, die im Frühling aus der Erde die Pflanzen heraustreiben, die im Herbst wiederum sich zurückziehen in die Erde, welk werden lassen die grünen Pflanzenbestandteile und endlich ablähmen das Pflanzenwachstum. Also wie gesagt, nicht eine Luftatmung ist es, von der wir sprechen, sondern die Atmung, die Ein- und Ausatmung von Kräften, von denen man eine Teilvorstellung gewinnen kann, wenn man auf das Pflanzenwachstum im Laufe eines Jahres sieht."[35]

Übungsaufgaben zu Kapitel 2.2

Bitte beantworten Sie drei Fragen zu diesem Kapitel.

1. Warum meinte Rudolf Steiner im Buch T*heosophie*, dass es schwierig sei, über die geistige Welt Mitteilungen zu machen?

2. Welche Erscheinungen der irdischen Welt können als Übergang zur geistigen Welt verstanden werden?

3. Inwiefern können Kosmogonie und Biologie als Ausdruck des alles durchdringenden Lebens verstanden werden?

2.3 Der Mensch
Wesensglieder

Die Kenntnisse, die in verschiedenen natur- und geisteswissenschaftlichen Disziplinen erarbeitet wurden, führten kulturgeschichtlich zu einem differenzierten Menschenbild. Bedeutungen und Funktionen der Organe des Menschen wurden immer besser verstanden, ebenso ihr Zusammenwirken im leiblichen System.

Dass die biologische und personale Existenz sicher voneinander unterschieden werden kann, verlegt die Frage nach dem Geist des Menschen inzwischen direkt in das Zentrum der Humanmedizin. Mit dem Aufkommen der Psychoanalyse und -therapie sind Einblicke in das seelische Leben möglich, das nun nicht mehr nur Gegenstand der Geisteswissenschaften ist. Hinzu kommt, dass die größten Herausforderungen der Gegenwart und Zukunft eine grundsätzlich erneuerte Ethik erfordern, die ohne ein differenziertes Menschenbild nicht auskommen wird. Wie sonst sollte man die Bedeutung der künstlichen Intelligenz einschätzen, wie Leitlinien für die Gentechnik entwickeln oder überhaupt Chancen und Risiken des menschlichen Handelns erkennen?

Leib, Seele und Geist

Dass der Mensch nicht nur leiblich existiert, entspricht dem allgemeinen Verständnis. Schließlich erleben wir weder unsere geliebten Mitmenschen noch uns selbst als bloß materiell. Der Mensch ist mehr als Knochen, Fleisch und Blut. So sind uns Aspekte des Menschseins bekannt und vertraut, die wir als seelisches und geistiges Leben bezeichnen. Wir verbinden sie in erster Linie mit dem Gefühls- und Empfindungsleben oder dem Erkennen „ewiger" Wahrheiten. Diese naheliegende Deutung entspricht in etwa auch dem anthroposophischen Verständnis.

„Durch das Denken wird der Mensch über das Eigenleben hinausgeführt. Er erwirbt sich etwas, das über seine Seele hinausreicht. Es ist für ihn eine selbstverständliche Überzeugung, dass die Denkgesetze in Übereinstimmung mit der Weltordnung sind. Er betrachtet sich deshalb als ein Einheimischer in der Welt, weil diese Übereinstimmung besteht. Diese Übereinstimmung ist eine der gewichtigen Tatsachen, durch die der Mensch seine eigene Wesenheit kennen lernt. In seiner Seele sucht der Mensch nach Wahrheit; und durch diese Wahrheit spricht sich nicht allein die Seele, sondern sprechen sich die Dinge der Welt aus. Was durch das Denken als Wahrheit erkannt wird, hat eine selbständige Bedeutung, die sich auf die Dinge der Welt bezieht, nicht bloß auf die eigene Seele. Mit meinem Entzücken über den Sternenhimmel lebe ich in mir; die Gedanken, die ich mir über die Bahnen der Himmelskörper bilde, haben für das Denken jedes anderen dieselbe Bedeutung wie für das Meinige. Es wäre sinnlos, von meinem Entzücken zu sprechen, wenn ich selbst nicht vorhanden wäre; aber es ist nicht in derselben Weise sinnlos, von meinen Gedanken auch ohne Beziehung auf mich zu sprechen. Denn die Wahrheit, die ich heute denke, war auch gestern wahr und wird morgen wahr sein, obschon ich mich nur heute mit ihr beschäftige. Macht eine Erkenntnis mir Freude, so ist diese Freude so lange von Bedeutung, als sie in mir lebt; die Wahrheit der Erkenntnis hat ihre Bedeutung ganz unabhängig von dieser Freude. In dem Ergreifen der Wahrheit verbindet sich die Seele mit etwas, das seinen Wert in sich selbst trägt. Und dieser Wert verschwindet nicht mit der Seelenempfindung, ebenso wenig wie er mit dieser entstanden ist. Was wirklich Wahrheit ist, das entsteht nicht und vergeht nicht: das hat eine Bedeutung, die nicht vernichtet werden kann."[36]

Nicht nur die seelischen oder geistigen Funktionen des menschlichen Bewusstseins können als solche erkannt werden, sondern auch die Seele und der Geist als für sich bestehender Teil des menschlichen Wesens. Im eben wiedergegebenen Zitat von Rudolf Steiner heißt es: „Mit meinem Entzücken über den Sternenhimmel lebe ich in mir; die Gedanken, die ich mir über die Bahnen der Himmelskörper bilde, haben für das Denken jedes anderen dieselbe Bedeutung wie für das Meinige." Damit wird darauf hingewiesen, dass man über das Wesen von Seele und Geist durch das eigene Erleben Erkenntnisse gewinnen kann. Natürlich kann man aber genau das infrage stellen, indem man die Empfindungen und die Erkenntnis der Wahrheit zu bloßen Reaktionen des Leibes degradiert, aber sinnvoll ist das nicht.

Dass von Leib, Seele und Geist des Menschen gesprochen werden kann, ist in der Anthroposophie von zentraler Bedeutung. Bezeichnender Weise gilt dieses, als Trichotomie bezeichnete Menschenbild in der römisch-katholischen Kirche seit dem neunten Jahrhundert als Häresie, insofern der Geist allein Gott zugeschrieben wird. Damit wird dem Menschen de facto abgesprochen, über sein Leben und seine Entwicklung frei und selbstbestimmt verfügen zu können.

Viel wurde im Laufe der Zeit darüber debattiert und gestritten, was der Geist des Menschen überhaupt ist. Bereits in der alten griechischen Philosophie sah man das freie Denken als Ausdruck der Tätigkeit des Geistes, durch die der Mensch sich von allen Mitwesen gravierend unterscheidet. Der christliche Kirchenlehrer Augustinus bezeichnete im fünften. Jahrhundert den Geist als „Auge der Seele", das die ewigen Wahrheiten erkennt und zur Erleuchtung des Menschen führt. Im Prinzip entspricht das dem anthroposophischen Verständnis, demzufolge der Mensch durch Seele und Geist einer nicht nur materiellen Welt angehört, die er aufgrund von Einsicht und Erkenntnis ebenfalls mitgestalten kann.

Leibliche Wesensglieder

Der Mensch ist nicht nur leiblich, sondern auch seelisch und geistig mit den betreffenden Weltbereichen verbunden. Diese Bereiche sind dem Erleben mehr oder weniger deutlich zugänglich. Für den Leib lässt sich das ansatzweise recht einfach nachvollziehen, denn jede:r von uns lebt in genau den gleichen Stoffen, aus denen alles andere in unserer Mitwelt auch besteht. Gleiches gilt für die Seele, die in der Empfindungs- und Gefühlswelt zuhause ist, die wir ebenfalls mit allen anderen Wesen dieser Welt teilen. Freude, Kummer, Frieden, Sympathie, Antipathie usw. sind eben nicht nur für ein einzelnes Individuum relevant, sondern können in gewisser Weise ebenso gut allgegenwärtig sein. So ist es auch mit den „ewigen" Wahrheiten, die für alle und alles von gleicher Bedeutung sind.

Das leibliche, seelische und geistige Leben ereignet sich glücklicherweise weitgehend von selbst. Dennoch ist es möglich, genauer hinzuschauen und sich intensiver damit zu befassen. Manchmal ist es sogar sehr hilfreich oder sogar notwendig. Dass der Leib hin und wieder besonders gepflegt, genährt, trainiert oder therapiert werden muss, wissen wir alle. Aber es gibt auch Lebensphasen, in denen eine entsprechende Aufmerksamkeit für Seele und Geist gefordert ist. Und was wir dann tun, können wir ebenso ohne äußeren Anlass beginnen: die Seele nähren, den Geist erfrischen – also einen inneren Beitrag zu unserem Sein und Werden leisten. Das beginnt mit der Aufmerksamkeit und dem differenzierenden Blick.

Das Prinzip der Dreigliederung, mit dem wir uns einen Eindruck von Leib, Seele und Geist verschafften, ermöglicht ebenso ein genaueres Verständnis des menschlichen Leibes. In der Anthroposophie ist er nicht nur ein physischer Leib. Darüber hinaus werden auch jene Kräfte in den Blick genommen, die Zusammenhalt, Form und Funktion der Stoffe ermöglichen. Sie werden als Lebenskräfte oder als ätherische Kräfte bezeichnet, die den Ätherleib konstituieren.

„Die Äußerungen der Lebenskraft nimmt der Mensch durch die

gewöhnlichen Sinne nicht wahr. Er sieht die Farben der Pflanze, er riecht ihren Duft; die Lebenskraft bleibt dieser Beobachtung verborgen. Aber sowenig der Blindgeborene mit Recht die Farben ableugnet, sowenig dürften die gewöhnlichen Sinne die Lebenskraft ableugnen. Die Farben sind für den Blindgeborenen da, sobald er operiert worden ist; ebenso sind für den Menschen die mannigfaltigen, durch die Lebenskraft geschaffenen Arten der Pflanzen und Tiere, nicht bloß die Individuen, auch als Wahrnehmung vorhanden, wenn sich ihm das Organ dafür erschließt. – Eine ganz neue Welt geht dem Menschen durch die Erschließung dieses Organs auf. Er nimmt nun nicht mehr bloß die Farben, Gerüche und so weiter der Lebewesen, sondern das Leben dieser Lebewesen selbst wahr. In jeder Pflanze, in jedem Tier empfindet er außer der physischen Gestalt noch die lebenerfüllte Geistgestalt. Um einen Ausdruck dafür zu haben, sei diese Geistgestalt der Ätherleib oder Lebensleib genannt."[37]

Hinzu kommt, dass wir über ein inneres Leben verfügen, das sich in Empfindungen und Gefühlen zeigt. Das wird dem so genannten Empfindungs- oder Astralleib zugeschrieben. Die leibliche Wesenheit, im Sinne der Dreigliederung verstanden, umfasst demnach den physischen, ätherischen und astralischen Leib.

Dreigliederung

In der Anthroposophie kann vom Menschenbild ausgehend ein Weltbild erschlossen werden. Ein Schlüssel dazu ist die so genannte „Dreigliederung". Mit ihr lässt sich ein systemisches Denken und Verstehen entwickeln, das vielfach angewendet werden kann. Der kosmischen Dreiheit Makro-, Meso- und Mikrokosmos entspricht eine auf den Menschen bezogene Dreiheit, die als Trichotomie bezeichnet wird, womit Leib, Seele und Geist gemeint sind. Und jedes Glied dieser Trichotomie wird wiederum als dreigliedrig beschrieben. So beispielsweise für den Leib als physischer Leib (mit seiner Nerven-Sinnesorganisation, dem rhythmischen System und der Stoffwechsel-Gliedmaßenorganisation), Ätherleib und Astralleib. Dieses Prinzip der Dreigliederung war für Rudolf Steiner eine wichtige Entdeckung, zu der er vermutlich während seiner Zeit in Weimar durch die Briefe *Über die ästhetische Erziehung des Menschen* von Friedrich Schiller inspiriert worden war. (→ 2.1)

„Solche Richtlinien zu finden, um die menschliche Organisation nach ihrer Ganzheit, nach ihrer Totalität zu durchschauen, beschäftigte mich eigentlich, bevor ich überhaupt öffentlich davon gesprochen habe, was etwa im Jahre 1917 geschah, vorher durch dreißig Jahre hindurch. Als verhältnismäßig junger Mensch, in meinen ersten Zwanzigerjahren, habe ich mir die Frage vorgelegt: Gibt es eine Möglichkeit, in diese komplizierte menschliche Organisation mit gewissen Leitlinien einzudringen, so dass man zu irgendeiner Überschau kommt? Und da stellte sich heraus – wie gesagt, was ich jetzt kurz auseinandersetze, war eine Arbeit, mit der ich mich dreißig Jahre befasst habe –, dass man die menschliche Gesamtorganisation nach drei Aspekten beurteilen kann, so dass man unterscheidet: die Nerven-Sinnesorganisation, die rhythmische Organisation, und die Stoffwechsel-Gliedmaßenorganisation."[38]

Übungsaufgabe zu Kapitel 2.3

In diesem Kapitel ging es um die Dreigliederung. Versuchen Sie anhand des Textes mit eigenen Worten zu erklären, was damit gemeint ist.

2.4 Natur und Kultur
Verstehen und gestalten

Jeder Mensch will bis zu einem gewissen Grad die Welt verstehen und gestalten. In diesem zweifachen Bedürfnis entfaltet sich das ihm eigene, typische Bewusstsein. Die Kulturgeschichte der Menschheit beruht darauf. Aber sie ist auch dadurch geprägt, dass bezüglich der Art und Weise des Verstehens und Gestaltens getrennt in Erscheinung tritt was eigentlich zusammengehört. Heutzutage wird nämlich ein Unterschied zwischen Wissenschaft, Kunst und Religion gemacht. Diese drei Bereiche existieren vermeintlich bloß nebeneinander.

Wir sahen bereits, dass die Fähigkeit zum freien Denken sowie zur willkürlichen Rück- und Vorausschau zum Menschen gehört. (→ 1.3) Darum können wir verantwortlich handeln und tatsächlich tun was wir wollen. Unsere Verbindung mit der Welt wird dadurch individuell geprägt. Von dieser Tatsache aus haben sich Wissenschaft, Kunst und Religion als deutlichste Ausprägungen des freien, menschlichen Verstehens und Gestaltens entwickelt. Sie sind Ausdruck menschlicher Kultur. In der Anthroposophie geht es nicht nur darum, dieses Phänomen als solches zu verstehen, sondern auch die eingetretene Trennung der drei Bereiche zu überwinden, um ein wirklich ganzheitliches Verhältnis des Menschen zur Welt zu ermöglichen.

Wissenschaft

Zu welchem Resultat es führte, dass sich Wissenschaft, Kunst und Religion voneinander entfernten, wird schnell deutlich, wenn man bedenkt, wie schwierig es heutzutage ist, Dinge und Sachverhalte für sich genommen gelten zu lassen, die sich nicht einfach zählen, messen oder wiegen lassen. So führt das Verdienstvolle des wissenschaftlichen Erkennens und Denkens leider allzu oft zur Ablehnung alles dessen, was sich seinem direkten Zugriff entzieht.

„Eine der hervorstechendsten Begabungen, die da aufgetreten sind, ist die: genau das rein äußerlich-sinnlich Tatsächliche zu beobachten. Mit dieser Vorliebe und Begabung für die Beobachtung des sinnlich Gegebenen, des sinnlich Tatsächlichen, hat sich aber auch die andere Neigung verknüpft: dem sinnlich Tatsächlichen einen ganz vorzüglichen ausschließlichen Wert beizulegen und zu glauben, dass alles, was über das sinnlich Tatsächliche hinausgeht, den Menschen in irgendwelche unerlaubte Erkenntnisgebiete, in irgendwelche verschwommene phantastische Sphären hineinführen, kurz, zu Erkenntnisabgründen geleiten müsse."[39]

Das entspricht dem Vorwurf, der von Seiten der „Wissenschaft" der Anthroposophie auch heutzutage noch immer hin und wieder gemacht wird, und zwar vor allem darum, weil die anthroposophische Methode des Erkennens – die neben dem Wissenschaftlichen auch das Künstlerische und Religiöse berücksichtigt – grundsätzlich als unwissenschaftlich abgelehnt wird. Im Kern geht es um den erkenntnistheoretischen Ansatz, der auf einem Vertrauen in Leben und Leistungen des eigenen Bewusstseins beruht. In seinen Darstellungen zu den *Grundlinien einer Erkenntnistheorie der goetheschen Weltanschauung* ging Rudolf Steiner darauf ein.

„Man setzt das Denken herab, wenn man ihm die Möglichkeit entzieht, in sich selbst Wesenheiten wahrzunehmen, die den Sinnen unzugänglich sind. Es muss in der Wirklichkeit außer den Sinnesqualitäten noch einen Faktor geben, der vom Denken erfasst wird. Das Denken ist ein Organ des Menschen, das bestimmt ist, Höheres zu beobachten als die Sinne bieten. Dem Denken ist jene Seite der Wirklichkeit zugänglich, von der ein bloßes Sinnenwesen nie etwas erfahren würde. Nicht die Sinnlichkeit wiederzukäuen ist es da, sondern das zu durchdringen, was dieser verborgen ist. Die Wahrnehmung der Sinne liefert nur *eine* Seite der Wirklichkeit. Die *andere* Seite ist die denkende Erfassung der Welt."[40]

Dabei ist zu beachten, dass das menschliche Denken mit der ganzen Mitwelt verbunden, also holistisch verstanden wird. Der Gegenstand der Betrachtung erscheint im menschlichen Bewusstsein nicht als totes Bild, sondern als lebendiges Wesen, das in gewisser Weise aus sich selbst zu sprechen vermag.

„Und indem man den geistig-seelischen Vorgang wirklich ins Auge fasst, tritt noch etwas anderes auf. Man sieht ein: so wie dieser seelisch-geistige Vorgang heute im Menschen sich abspielt, so kann er sich nur abspielen, weil die ganze Naturumgebung mit dem Menschen darinnen als physische Leiblichkeit eine Grundlage dafür abgibt. Bei dem, der wirklich zur geistigen Anschauung kommt, erweitern sich die Fähigkeiten, die ihm möglich machen, das Wesen eines Seelisch-Geistigen wirklich zu schauen."[41]

Kunst

Was kompliziert klingt, ist im Grunde genommen schnell anhand eines Beispiels nachzuvollziehen. Wir kennen es, dass wir ein Gefühl für einen Sachverhalt entwickeln und damit ziemlich treffsicher sein können. So geht es den Eltern mit dem Kind, dem Handwerker mit der Tragfähigkeit eines Balkens oder der Ärztin mit dem Patienten. Die starke Verbindung mit einem Mitwesen oder einer Aufgabe ermöglicht ein intuitives Wissen, in dem das Bemühen um klare Erkenntnis nicht vom Mitgefühl und Staunen getrennt ist. In der Kunst kommt es gerade darauf an, ganz im Prozess und Material aufzugehen. Insofern sind sich die Kunst und das „übersinnliche" Erkennen sehr ähnlich.

„Das Vorstellen verläuft nicht in abstrakten Gedanken. Abstrakte Gedanken sind etwas, was für die physische Welt tauglich ist, um sie in ihren Erscheinungen zu registrieren, Naturgesetze zu finden und so weiter. Der Seher denkt nicht in solchen Gedanken, er denkt nicht in Abstraktionen, er denkt in Gedanken, die eigentlich webende Bilder sind. Das ist in der Gegenwart noch etwas schwierig zu verstehen, weil man noch nicht recht weiß, was gemeint ist mit einer Tätigkeit, die eigentlich ein Denken ist, das aber keine abstrakten Gedanken denkt und den Dingen folgt, in den Formen, Konfigurationen der Dinge lebt. [...] Das Merkwürdige ist, dass in Bezug auf dieses neue Denken, das neue Vorstellen, das sich der Seher aneignet, er mit nichts sich verwandter fühlt als mit den Formen, die der wirklich künstlerische Architekt ausbildet, und den Formen, die der Bildhauer seinem Schaffen zugrunde legen muss. Es ist wirklich etwas wie architektonisches Vorstellen, oder wie Vorstellen in Skulpturformen, das geeignet ist, im seherischen Erfassen der Welt den Dingen so zu folgen, dass man sie in ihrer geistigen Innerlichkeit verstehen lernt, sie auch überwinden lernt, sich rein in die geistige Welt erheben lernt. Mit den abstrakten Gedanken kann man nichts über das innere Wesen der Dinge erfahren. Der Seher fühlt sich verwandt mit Bezug auf das, was sein neues Denken ist, mit dem Architekten und dem Bildhauer. Er muss die Welt denken in einer solchen Art der Geistesformung, die unbewusst oder unterbewusst dem Bildhauer und dem Architekten bei seinem Schaffen zugrunde liegt."[42]

In der Anthroposophie spielt die Kunst eine wichtige Rolle, und zwar nicht als bloße Dekoration der Welt, sondern als Lebenskraft und Quelle der Offenbarung. Für die verschiedenen Künste haben sich darum Stilformen entwickelt, die mit dem Anspruch korrespondieren, aus der Natur geschöpft und nicht ausgedacht zu sein. In der Architektur wird dieser Stil darum als „organisch" bezeichnet, und die Eurythmie als originär anthroposophische Kunst macht Sprache und Klänge in körperlichen Bewegungen und Choreografien sichtbar.

Dass Rudolf Steiner den Kunstbegriff weit über das klassische Verständnis hinaus erweiterte, wird auch daran deutlich, dass er beispielsweise die Medizin und die Pädagogik als Kunst bezeichnete. Damit ist nicht gemeint, dass sie nicht zugleich auch Wissenschaft sein sollen. Vielmehr geht es darum, den Ansatz des Verstehens und Gestaltens über die Grenzen der Wissenschaft hinaus sinnvoll zu erweitern.

Religion

Anthroposophisch betrachtet bleibt das Verhältnis zur Welt unvollständig, solange es unpersönlich ist. Indem der Mensch seine Aufmerksamkeit so mit der Welt verbindet, dass ihr Leben bis zu einem gewissen Grad zu Ereignissen in seinem Bewusstsein werden, bewirkt er die Verbindung des sonst als getrennt empfundenen. Diese Wiederverbindung ist vor allem gemeint, wenn in der Anthroposophie von Religion die Rede ist. Sie beruht auf dem Erlebnis einer Zusammengehörigkeit von Mensch und Welt.

„Eine einfache Betrachtung kann das lehren: Ich gehe über eine mit Blumen bewachsene Wiese. Die Blumen künden mir ihre Farben durch mein Auge. Das ist die Tatsache, die ich als gegeben hinnehme. – Ich freue mich über die Farbenpracht. Dadurch mache ich die Tatsache zu meiner eigenen Angelegenheit. Ich verbinde durch meine Gefühle die Blumen mit meinem eigenen Dasein. Nach einem Jahre gehe ich wieder über dieselbe Wiese. Andere Blumen sind da. Neue Freude erwächst mir aus ihnen. Meine Freude vom Vorjahre wird als Erinnerung auftauchen. Sie ist in mir; der Gegenstand, der sie angefacht hat, ist vergangen. Aber die Blumen, die ich jetzt sehe, sind von derselben Art wie die vorjährigen; sie sind nach denselben Gesetzen gewachsen wie jene. Habe ich mich über diese Art, über diese Gesetze aufgeklärt, so finde ich sie in den diesjährigen Blumen so wieder, wie ich sie in den vorjährigen erkannt habe. Und ich werde vielleicht also nachsinnen: Die Blumen des Vorjahres sind vergangen; meine Freude an ihnen ist nur in meiner Erinnerung geblieben. Sie ist nur mit meinem Dasein verknüpft. Das aber, was ich im vorigen Jahre an den Blumen erkannt habe und dies Jahr wiedererkenne, das wird bleiben, solange solche Blumen wachsen. Das ist etwas, was sich mir offenbart hat, was aber von meinem Dasein nicht in gleicher Art abhängig ist wie meine Freude. Meine Gefühle der Freude bleiben in mir; die Gesetze, das Wesen der Blumen bleiben außerhalb meiner in der Welt. [...] Durch seinen Leib vermag sich der Mensch für den Augenblick mit den Dingen in Verbindung zu setzen. Durch seine Seele bewahrt er in sich die Eindrücke, die sie auf ihn machen; und durch seinen Geist offenbart sich ihm das, was sich die Dinge selbst bewahren. Nur wenn man den Menschen nach diesen drei Seiten betrachtet, kann man hoffen, Aufschluss über seine Wesenheit zu erhalten. Denn diese drei Seiten zeigen ihn in dreifach verschiedener Art mit der übrigen Welt verwandt."[43]

Dieses, dem Buch *Theosophie* entnommene Zitat, kann direkt auf die Landwirtschaft übertragen werden, insofern es verdeutlicht, wie religiöses Leben in der Verbundenheit mit der Natur und der ganzen Mitwelt gepflegt werden kann. Von diesem grundsätzlichen Verständnis aus kann erschlossen werden, was Rudolf Steiner in zahlreichen Schriften und Vorträgen besonders zur christlichen Religion ausgeführt hat. Damit ist weit mehr gemeint, als von den traditionellen Kirchen vertreten und gelehrt wird.

Übungsaufgaben zu Kapitel 2.4

Welche der nachfolgend aufgeführten Aussagen sind wahr und welche sind falsch? Zu jeder Aussage gibt es zwei Antworten, die Ihre Feststellung unterstützen. Bitte beachten Sie: Sie beginnen Ihre Antwort mit der Feststellung WAHR oder FALSCH. Dann suchen Sie im vorangegangenen Kapitel nach den Formulierungen oder Zahlen, die Ihre Antwort belegen.

1. Kunst und übersinnliches Erkennen sind sich sehr ähnlich. Religiöses Leben kann in der Verbundenheit mit der Natur und der ganzen Mitwelt gepflegt werden.

2. Aus anthroposophischer Sicht sind Wissenschaft, Kunst und Religion voneinander zu trennen. Das menschliche Denken ist von der Welt separiert.

TEIL 3

3.1 Entstehung und Entfaltung der Anthroposophie

Grundlegende Ideen und Impulse der Anthroposophie

Wir haben uns eben (→ 2.4) damit beschäftigt, dass jeder Mensch die Welt verstehen und in irgendeiner Weise gestalten will. Viele suchen in diesem Zusammenhang nach inspirierenden Ideen und einige dieser Menschen entwickeln die Leitlinien dafür aus ihrem Umgang mit der Anthroposophie. Die individuelle Art und Weise in der das geschieht könnte in grober Überschau drei Hauptbereichen der Anthroposophie zugeordnet werden, denen das entsprechende Interesse entgegengebracht wird.

Erkenntnistheorie und Philosophie

Eine naheliegende Möglichkeit für den Zugang zur Anthroposophie ist die Beschäftigung mit Erkenntnistheorie und Philosophie. Rudolf Steiner hat das zeitlebens getan. Einige seiner grundlegenden Schriften sind diesem Thema gewidmet, so auch das Buch *Grundlinien einer Erkenntnistheorie der Goetheschen Weltanschauung*, das 1886 erstmals erschien. Darin findet sich systematisch ausgeführt, was vorher bereits im Zusammenhang der naturwissenschaftlichen Schriften Goethes erarbeitet worden war.

„Wie man erkennen müsse, um in die Erscheinungen des Lebens einzudringen, das wollte ich in der Betrachtung der Goethe'schen Organik zeigen. Ich fühlte bald, dass diese Betrachtung einer sie stützenden Grundlage bedürfe. Das Wesen des Erkennens wurde damals von meinen Zeitgenossen in einer Art dargestellt, die nicht an Goethes Anschauung herankommen konnte. Die Erkenntnistheoretiker hatten die Naturwissenschaft, wie sie in jener Zeit war, vor Augen. Was sie über das Wesen der Erkenntnis sagten, galt nur für das Erfassen der anorganischen Natur. Es konnte keinen Zusammenklang geben zwischen dem, was ich über Goethes Erkenntnisart sagen musste, und den gebräuchlichen Erkenntnistheorien der damaligen Zeit. – Deshalb trieb mich das, was ich in Anlehnung an Goethes Organik dargestellt hatte, neuerdings an die Erkenntnistheorie heran. Vor mir standen Ansichten wie die Otto Liebmanns, die in den verschiedensten Formen den Satz aussprachen, das menschliche Bewusstsein könne aus sich niemals heraus; es müsse sich dabei bescheiden, in dem zu leben, was ihm die Wirklichkeit in die menschliche Seele hereinschickt und was in ihm in geistiger Form sich darstellt. Sieht man die Sache so an, dann kann man nicht davon sprechen, dass man Geistverwandtes in der organischen Natur in Goethe'scher Art findet. Man muss den Geist innerhalb des menschlichen Bewusstseins suchen und eine geistgemäße Naturbetrachtung als unzulässig ansehen. – Ich fand, es gibt für die Goethe'sche Erkenntnisart keine Erkenntnistheorie. Das führte mich dazu, den Versuch zu machen, eine solche wenigstens andeutungsweise auszuführen. Ich schrieb meine *Erkenntnistheorie der Goethe'schen Weltanschauung* aus einem inneren Bedürfnisse heraus, bevor ich daran ging, die weiteren Bände der naturwissenschaftlichen Schriften Goethes zu bearbeiten. Das Büchelchen wurde 1886 fertig."[44]

Mit seinen Ausführungen zur Erkenntnistheorie lenkte Rudolf Steiner die Aufmerksamkeit auf die besondere Fähigkeit des Menschen, sich ein lebendiges Vorstellungsbild von jenen Prozessen zu machen, die allen Erscheinungen des Lebens zugrunde liegen. Es geht um das Erfassen des Übergangs zwischen der einen und einer anderen Form eines Daseins. Eine Blume zum Beispiel sehen wir in einer eindeutigen Gestalt, die aber eine andere ist, als sie gestern noch war oder morgen schon sein wird. Die Übergänge dazwischen, die wir Menschen mit unseren Sinnen zwar nicht sehen, in unseren Gedanken aber sehr wohl zu Vorstellungen werden lassen können, erschließen ein Verständnis der Metamorphose, die Goethe als ein offenbares

Geheimnis bezeichnete. Seine Idee der Urpflanze ist ein Ausdruck davon.

Wichtig ist, dass dem Erkenntnisprozess eine genaue und wiederholte Beobachtung vorausgeht. Erkenntnis im anthroposophischen Sinne erhebt den Anspruch, dass sich im Denken etwas Wesenhaftes und Wirkliches zeigt, insofern die Natur selbst von sich „spricht". Die Wahrnehmung verbindet dafür die sinnliche Erfahrung mit dem rein geistigen Begriff, wobei die höchste Form der Wahrnehmung darin besteht, dass sich das Denken selbst beobachtet, also zum Gegenstand der Erfahrung wird. In seinen Büchern *Wahrheit und Wissenschaft* (1892) und *Die Philosophie der Freiheit* (1893) hat Rudolf Steiner das weiter ausgeführt und schließlich herausgestellt, wie sich unter solchen Voraussetzungen ein einheitliches Bild der Welt ergibt.

„Unsere Organisation bedingt es, wie wir gesehen haben, dass uns die volle, totale Wirklichkeit, einschließlich unseres eigenen Subjektes, zunächst als Zweiheit erscheint. Das Erkennen überwindet diese Zweiheit, indem es aus den beiden Elementen der Wirklichkeit: der Wahrnehmung und dem durch das Denken erarbeiteten Begriff das ganze Ding zusammenfügt. Nennen wir die Weise, in der uns die Welt entgegentritt, bevor sie durch das Erkennen ihre rechte Gestalt gewonnen hat, die Welt der Erscheinung im Gegensatz zu der aus Wahrnehmung und Begriff einheitlich zusammengesetzten Wesenheit. Dann können wir sagen: Die Welt ist uns als Zweiheit (dualistisch) gegeben, und das Erkennen verarbeitet sie zur Einheit (monistisch). Eine Philosophie, welche von diesem Grundprinzip ausgeht, kann als monistische Philosophie oder Monismus bezeichnet werden. Ihr steht gegenüber die Zweiweltentheorie oder der Dualismus. Der letztere nimmt nicht etwa zwei bloß durch unsere Organisation auseinandergehaltene Seiten der einheitlichen Wirklichkeit an, sondern zwei voneinander absolut verschiedene Welten. […] Der Dualismus beruht auf einer falschen Auffassung dessen, was wir Erkenntnis nennen. Er trennt das gesamte Sein in zwei Gebiete, von denen jedes seine eigenen Gesetze hat, und lässt diese Gebiete einander äußerlich gegenüberstehen."[45]

Spirituelles Welt- und Menschenbild

Wenn von Rudolf Steiner beschrieben wird, dass eine Fähigkeit des menschlichen Bewusstseins vor allem darin besteht, die äußerlich und die innerlich wahrgenommene Welt in einer einheitlichen Vorstellung zusammenzufügen, liegt darin nicht nur der Schlüssel zur von ihm entwickelten Erkenntnistheorie, sondern auch zu einem Verständnis der Spiritualität. Im Sinne der Anthroposophie ist die geistige Welt von der sinnlich erfahrbaren Welt nämlich nicht getrennt. Insofern beginnt der Weg zur „übersinnlichen" Erfahrung im menschlichen Bewusstsein, das im Denken, Fühlen und Wollen rein geistige Inhalte als solche zu erfassen vermag.

In seinem Buch *Theosophie* hat Rudolf Steiner davon ausgehend eine *Einführung in übersinnliche Welterkenntnis und Menschenbestimmung* gegeben, und zwar als Übersicht zur leiblichen, seelischen und geistigen Wesenheit des Menschen und zur Welt, für die ebenfalls eine leibliche, seelische und geistige Ebene ausgemacht werden kann. In zwei längeren Kapiteln finden sich außerdem Ausführungen zu „Wiederverkörperung und Schicksal" sowie zu einem „Pfad der Erkenntnis".

Wenig später folgte das aus einer Aufsatzreihe hervorgegangene Buch *Wie erlangt man Erkenntnisse der höheren Welten?*, das als Grundlagenwerk zum so genannten „anthroposophischen Schulungsweg" verstanden werden kann, insofern entsprechende Übungen vorgeschlagen und erläutert werden. Aber auch Beschreibungen von spirituellen Erfahrungen nach vollzogenen Fortschritten auf dem Weg geistiger Entwicklung finden sich darin. Rudolf Steiner wendete sich mit diesem Buch an Menschen, die das Bedürfnis nach solider spiritueller Entwicklung verspüren, aber auch an solche, die das Leben selbst bereits zu vertieften Erfahrungen der Welt und des eigenen Schicksals geführt hat.

Bis zum heutigen Tag bieten diese Ausführungen vielen Menschen die willkommene Gelegenheit, Zugang zum anthroposophischen

Schulungsweg zu finden. Wer sich intensiv übend im Sinne der Anthroposophie um die Entwicklung seiner Spiritualität kümmert, wird die beschriebenen Übungen immer wieder durchführen, denn sie gehören zum Elementaren des auch bei anderen Gelegenheiten und in anderen Schriften von Rudolf Steiner bezüglich der spirituellen Schulung Ausgeführten. Worum es dabei im Kern geht, findet sich bereits in den ersten Sätzen prägnant zusammengefasst:

„Es schlummern in jedem Menschen Fähigkeiten, durch die er sich Erkenntnisse über höhere Welten erwerben kann. Der Mystiker, der Gnostiker, der Theosoph sprachen stets von einer Seelen- und einer Geisterwelt, die für sie ebenso vorhanden sind wie diejenige, die man mit physischen Augen sehen, mit physischen Händen betasten kann. Der Zuhörer darf sich in jedem Augenblicke sagen: wovon dieser spricht, kann ich auch erfahren, wenn ich gewisse Kräfte in mir entwickele, die heute noch in mir schlummern. Es kann sich nur darum handeln, wie man es anzufangen hat, um solche Fähigkeiten in sich zu entwickeln. Dazu können nur diejenigen Anleitung geben, die schon in sich solche Kräfte haben. Es hat, seit es ein Menschengeschlecht gibt, auch immer eine Schulung gegeben, durch die solche, die höhere Fähigkeiten hatten, denen Anleitung gaben, die ebensolche Fähigkeiten suchten. Man nennt solche Schulung Geheimschulung; und der Unterricht, welcher da empfangen wird, heißt geheimwissenschaftlicher oder okkulter Unterricht."[46]

Auf eine Besonderheit des Buches wird in einer späteren Auflage vom Autor selbst im „Nachwort zum achten bis elften Tausend" hingewiesen. Es heißt dort nämlich: „Man nehme doch ein solches Buch, wie dieses ist, wie ein Gespräch, das der Verfasser mit dem Leser führt. Wenn gesagt ist: der Geheimschüler bedürfe der persönlichen Anweisung, so fasse man dies doch so auf, dass das Buch selbst eine solche persönliche Anweisung ist."[47] Es geht in der Anthroposophie keineswegs darum, Rudolf Steiner als Guru zu sehen und zu verehren. Während in manchen anderen Zusammenhängen das enge Verhältnis von Schüler:innen zu einem Meister eine wesentliche Rolle spielt, beruht der anthroposophische Schulungsweg auf der freien, individualisierten Arbeit des Menschen an sich selbst.

Soziale Dreigliederung

Das Zusammenwirken verschiedener Organe und Organsysteme im Leib eines Lebewesens ermöglicht dessen Existenz. Jede Form des Lebens beruht darauf, dass sich dieses Zusammenwirken in einem in sich geschlossenen System ereignet. Anders gesagt kann von einem Organismus gesprochen werden, wenn sich ein solches Zusammenwirken verschiedener Organe und Organsysteme überhaupt ereignet. Darum kann sogar die Erde als Organismus verstanden werden. (→ 1.2)

Unter der Voraussetzung dieser Betrachtungsart lässt sich die menschliche Gesellschaft ebenfalls als Organismus verstehen. Organsysteme wären – analog zum Nerven-Sinnes-System, dem Rhythmischen-System und dem Stoffwechsel-Gliedmaßen-System – das Geistes-, Rechts- und Wirtschaftsleben. Diese drei Systeme wirken nebeneinander, aber dennoch zusammen, eben ähnlich wie im Menschen oder im Tier. Auch eine Pflanze weist einen Wurzel-, Stängel-Blatt- und Blüten-Bereich auf.

Innovativ an der Idee der Dreigliederung des Sozialen Organismus ist, dass das Zusammenleben von Menschen konsequent als Lebensvorgang verstanden wird, der nicht etwa nur durch die vielen einzelnen Menschen in Gemeinschaft zustande gebracht wird. Vielmehr beruht er auf den Funktionen dreier Systembereiche, die einem eigenen, in sich geschlossenen Wesen zugehören. Für ein gedeihliches Zusammenleben kommt es darauf an, dass sich jeder Systembereich zum Wohl des Ganzen aufgrund eigener Prinzipien entfalten kann. Für das Geistesleben sprach Rudolf Steiner vom Prinzip der Freiheit, für das Rechtsleben von der Gleichheit und für das Wirtschaftsleben von der Brüderlichkeit.

Neben dem systemischen Verständnis der Sozialen Gemeinschaft kann auch das menschliche Verhalten unter den Vorzeichen der Sozialen Dreigliederung verstanden werden. Diesbezüglich formulierte Rudolf Steiner Kernaussagen, deren erste als das „soziologische Grundgesetz" bezeichnet wird: „Die Menschheit strebt im Anfange der Kulturzustände nach Entstehung sozialer Verbände; dem Interesse dieser Verbände wird zunächst das Interesse des Individuums geopfert; die weitere Entwicklung führt zur Befreiung des Individuums von dem Interesse der Verbände und zur freien Entfaltung der Bedürfnisse und Kräfte des Einzelnen."[48] Ein paar Jahre später findet sich in einem Aufsatz das „soziale Hauptgesetz" mit den folgenden Worten wiedergegeben: „Das Heil einer Gesamtheit von zusammenarbeitenden Menschen ist umso größer, je weniger der einzelne die Erträgnisse seiner Leistungen für sich beansprucht, das heißt, je mehr er von diesen Erträgnissen an seine Mitarbeiter abgibt, und je mehr seine eigenen Bedürfnisse nicht aus seinen Leistungen, sondern aus den Leistungen der anderen befriedigt werden."[49] Zuerst geht es also um die Entstehung von Gemeinschaften, danach um die Verbundenheit der Menschen im Tausch von Leistungen. Wenn sich beides störungsfrei ereignen kann, ist der Soziale Organismus gesund. Dieser Gesundheit dienen Freiheit, Gleichheit und Brüderlichkeit als die Prinzipien des Geistes-, Rechts- und Wirtschaftslebens.

Übungsaufgaben zu Kapitel 3.1

Bitte beantworten Sie drei Fragen zu diesem Kapitel.

1. Welches ist das zentrale Anliegen in Rudolf Steiners Erkenntnistheorie?

2. Zu welchem Ergebnis führt der Erkenntnisprozess?

3. Worin unterscheidet sich der anthroposophische Schulungsweg von anderen Schulungswegen?

3.2 Die Welt
Die Welt im Wandel

Vor etwa 3000 Jahren entstand ein Text, der wohl zu den bekanntesten der Menschheit gehört. Er findet sich im ersten Buch des jüdischen Tanach und ebenso am Beginn der christlichen Bibel. In diesem „Genesis" genannten Text wird zu Beginn die Entstehung der Welt beschrieben. Es steht dort: „Am Anfang schuf Gott Himmel und Erde. Die Erde war noch leer und öde, Dunkel bedeckte sie und wogendes Wasser und über den Fluten schwebte Gottes Geist. Da sprach Gott: ‚Licht entstehe!', und das Licht strahlte auf. Und Gott sah das Licht an: Es war gut. Dann trennte Gott das Licht von der Dunkelheit und nannte das Licht Tag, die Dunkelheit Nacht. Es wurde Abend und wieder Morgen: der erste Tag."[50] Rätselhaft an diesem Text ist, dass von einem Licht, von Abend und Morgen die Rede ist, denn in diesem Moment gab es die Sonne noch nicht, die ja bekanntermaßen ebenso für das wahrnehmbare Licht wie für Tag und Nacht ursächlich ist. Was für ein „Licht" ist hier also gemeint?

Lebensprozesse erfahren

Schon das physikalisch messbare Licht ist in gewisser Weise rätselhaft. Es ist in unserem Umkreis allgegenwärtig, aber de facto unsichtbar. Es erscheint nur dann wenn es auf Materie trifft. Die in der Luft schwebenden Staubkörnchen zeigen das ebenso wie der Mond am nächtlichen Himmel. Aber – und das ist bemerkenswert – von diesem Licht ist im Buch Genesis noch nicht die Rede, wenn gesagt wird, dass in einem bestimmten Moment das Licht aufstrahlt, denn Sonne und Mond gab es zu diesem Zeitpunkt der Erzählung noch nicht. Offenbar hatten die Menschen in der damaligen Zeit noch ein Verständnis von dem, was wir heutzutage meinen, wenn wir sagen, dass uns bei einem guten Einfall „ein Licht aufgeht". Das würde, wenn man es nicht bloß metaphorisch versteht, bedeuten, dass im Denken etwas stattfindet, was dem leuchtenden Licht in der uns umgebenden Welt entspricht. In der Anthroposophie versteht man das tatsächlich genauso. Es sind die ätherischen Kräfte, mit denen wir uns bereits im Hinblick auf den menschlichen Leib beschäftigt haben (→ 2.3), die einerseits in der uns umgebenden Welt formbildend und andererseits in unserem Bewusstsein erleuchtend wirksam sind. Insofern können sie tatsächlich in zweifacher Art nährend für uns sein, stofflich und geistig.

Es gehört zu den Besonderheiten des menschlichen Bewusstseins, dass es ihm möglich ist, in der Handhabung der ätherischen Kräfte willentlich Vorstellungsbilder schaffen zu können. In dieser Hinsicht nimmt der Mensch innerlich an einem Weltprozess teil, der sich sonst außerhalb ihm vollzieht. Dieses ist der Dreh- und Angelpunkt der goetheanistischen Erkenntnistheorie der Anthroposophie.

In der Anwendung können wir zu Vorstellungen finden, die manches von dem ergänzen und erweitern, was in den herkömmlichen naturwissenschaftlichen Disziplinen gedacht und ausgesagt wird. So ergibt sich ein anderes, ganzheitliches Weltbild (→ 1.2), das mit Lebensprozessen rechnet, die sonst unberücksichtigt bleiben würden. Es war darum sogar von einem Atmungsprozess der Erde die Rede (→ 2.2), dessen Außenseite in den Jahreszeiten erlebbar ist. So gesehen wird auch zugänglich, dass in der biologisch-dynamischen Landwirtschaft nicht nur die Tiere und Pflanzen als zu pflegende Lebewesen betrachtet werden, sondern auch der Boden. Hier erweitert die Vorstellung von der Dreigliederung des menschlichen Leibes den Blick auf den ganzen Hoforganismus, insofern Tiere, Pflanzen und Boden als Repräsentanten des Astralischen, Ätherischen und Physischen gesehen werden können.

Im Sinne des *Landwirtschaftlichen Kurses* ist es wichtig, sich für diese Zusammenhänge zu interessieren und bis zu einem gewissen

Grad wahrnehmend zu werden. Der die Landwirtschaft betreibende Mensch selbst wird im Hoforganismus gewissermaßen zu einem Erkenntnisorgan. Es kommt darauf an, die Bedingungen und Prozesse im eigenen Bewusstsein selbst zu erleben. Das ersetzt natürlich nicht die solide wissenschaftliche Erkenntnis und die fachliche Beratung durch kompetente Experten, aber es ergänzt sie auf eine Weise, die für die biologisch-dynamische Landwirtschaft von essenzieller Bedeutung ist.

Meteorologie

Im Landwirtschaftlichen Kurs ist immer wieder von alter Bauernweisheit, sogar von einer Bauernphilosophie (F1, 30) die Rede, über die Rudolf Steiner in jener Phase seines Lebens nachdachte, in der er den „Kräutersammler" kennengelernt hatte. (→ 2.1) An diesem Menschen hatte er, so beschreibt er es selbst, ein instinktives Wissen von der Natur und den in ihr wirkenden Kräften erlebt. Wir begegnen hier genau dieser Art des Naturerlebens, auf die wir eben hingewiesen haben: Was in der Umgebung geschieht, wird innerlich nachvollzogen und mit den entsprechenden Empfindungen begleitet. Unter den Gesichtspunkten der allgemein vorherrschenden Naturwissenschaft mag das befremden und abgelehnt werden, aber in der Anthroposophie kommt es gerade darauf an, die Erfahrungen der äußeren Welt so mit den Prozessen des wahrnehmenden Bewusstseins zu verbinden, dass die Erkenntnis im eigenen Erleben zugänglich wird. So lassen sich besondere Eindrücke vom Leben der Dinge, Wesen und Verhältnisse der Welt gewinnen, die über die sinnenfällige Außenseite hinausreichen.

Wendet man sich so der Natur zu, erscheint der sich in ihr ereignende dauernde Wandel als Lebensprozess. Der Blick auf das Große und Ganze erfasst nicht allein die materiellen Stoffe, sondern ebenso jene Formensprache, von der aus Erfahrungen der darin wirkenden

Kräfte möglich sind. So wird verständlich, warum die Menschen in früheren Zeiten Witterungsereignisse als Launen der Erde empfanden. In erster Linie ist das Ausdruck für ein anderes Wissen von Sachverhalten und Bedingungen, welches wir uns heutzutage wieder erwerben können, um all das sinnvoll zu ergänzen, was wir in Anwendung der modernen Naturwissenschaft mittlerweile erkannt haben.

Die Wolkenbildung, die sich in den Vorgängen von Kondensation und Resublimation, also in einem Prozess der Anlagerung von Wassertröpfchen um einen Kondensationskern ereignet, entspricht in gewisser Weise dem Keimen und Wachsen einer Pflanze aus einem Vegetationspunkt. Ebenso ist der Luftdruck nicht nur ein physikalisches Phänomen, das zwischen 60° nördlicher und südlicher Breite täglich wiederkehrende Schwankungen aufweist, die zu zwei Maximal- und zwei Minimalwerten pro Tag führen. Diese Schwankungen sind in Äquatornähe am stärksten ausgeprägt, von wo aus sie dem 60. Breitengrad entgegen bis zu einem relativ flachen Kurvenverlauf abnehmen. Guenther Wachsmuth, der sich mit den rhythmischen Phänomenen im Leben der Erde eingehend beschäftigte, sprach darum von einer „Atmungssphäre" der Erde.[51] Auch Johann Wolfgang von Goethe hatte sich damit befasst. Rudolf Steiner kam wiederholt darauf zu sprechen, um zu verdeutlichen, wie die Erde als Lebewesen vorgestellt werden kann:

„Zum Beispiel gibt es bei den Goetheschen Arbeiten ‚vorbereitende Studien' zu dem, was Goethe dann auf wenigen Seiten als seine ‚Witterungslehre' gibt. Dazu sind vorbereitende Studien von Goethe gemacht worden mit ungeheurem Fleiß, mit ungeheurer Emsigkeit. Immer wieder und wieder hat Goethe seine Freunde engagiert, Studien zu machen, die er dann in Tabellen zusammenstellte. Und der Zweck dieser ausgedehnten Studien war der: nachzuweisen, dass an den verschiedenen Orten der Erde der Verlauf des Barometerstandes nicht Zufälligkeiten unterworfen sei, sondern in einer ganz regelmäßigen Weise geschieht, so dass also das Steigen und Sinken der Quecksilbersäule im Barometer an den verschiedensten Orten der Erde in einer ganz regelmäßigen Weise verläuft. Und Goethe hat auch in seinen Studien viele Belege dafür gebracht, dass an den verschiedenen Orten das Steigen und Sinken des Barometers nicht von Zufälligkeiten abhängt, sondern einer über den ganzen Erdkreis hingehenden Gesetzmäßigkeit unterliegt. Goethe wollte damit nachweisen, dass es nicht richtig ist anzunehmen, dass der Druck der Luft von irgendwelchen äußeren Einflüssen abhängt. Er wusste ja, dass die Menschen dem Monde, der Sonne und anderen kosmischen Einflüssen Verdichtung und Verdünnung der Luft und damit eine Veränderung des Luftdruckes zuschreiben. Er aber wollte nachweisen: Wie auch die Konstellation der Gestirne sei, wie auch Sonne und Mond und so weiter auf den Luftkreis wirken, es ist doch eine konstante Regelmäßigkeit über den ganzen Erdball im Steigen und Fallen des Luftdruckes vorhanden. Damit suchte er den Beweis zu erbringen, dass in der Erde selber die Ursachen liegen für das Steigen und Sinken des Barometers. Denn er wollte damit zeigen, dass die Erde nicht jener tote Körper ist, für den sie gewöhnlich angesehen wird, und dass die Erde ebenso von unsichtbaren Gliedern durchdrungen wird, von denen alles Leben ausgeht, wie der Mensch außer seinem physischen Körper unsichtbare Glieder seiner Wesenheit hat, die ihn durchdringen. Und ebenso wie beim Menschen Einatmung und Ausatmung herrscht, wie er die Luft aufnimmt und wieder herauslässt, so hat auch die Erde als ein belebtes Wesen Einatmung und Ausatmung. Und Einatmung und Ausatmung der Erde, also Erscheinungen eines inneren Lebens, drücken sich äußerlich aus in dem steigenden und sinkenden Quecksilber im Barometer."[52]

Kosmologie

Das Leben auf Erden ist nach heutigem Wissensstand ein im gesamten Kosmos einzigartiges Phänomen. Entstehung und Erhalt der Biosphäre beruhen auf dem Zusammenhang vieler komplexer Bedingungen und Prozesse. Herausragend in allem ist der Einfluss der Sonne, denn ihr Licht und ihre Wärme sind die wichtigste Grundlage eines jeden Lebens. Hinzu kommt, dass der unseren Heimatplaneten umkreisende Mond allzu große Schwankungen der Erdachse verhindert und so jene relativ milden Klimate ermöglicht, in denen unsere Mitwesen und wir selbst existieren. Dass Sonne, Mond, aber auch die anderen Planeten mit ihren Rhythmen und Kräften, einen gravierenden Einfluss auf das irdische Leben ausüben, wird im *Landwirtschaftlichen Kurs* immer wieder behandelt (B47; 1,19; 1,24; 1,29; 2,4; 2,21; 2,31; 3,25; 6,3; 7,36). Unter anderem auch in der Chronobiologie ist das mittlerweile Gegenstand der Forschung.

Dass das Leben aller Lebewesen durch die Konstellation der Planeten und Sterne unseres Sonnensystems bestimmt wird, lässt sich anhand mancher Prozesse nachvollziehen, die wir an unserem eigenen Leib unschwer wahrnehmen können. So entspricht die Anzahl unserer täglichen Atemzüge einer Präzessionsperiode der Erdachse in Jahren. Und das Verhältnis der Herzschläge zu einem Atemzug von 4 zu 1 findet sich ebenfalls im Verhältnis der Rhythmen von Zwölffingerdarm und Magenperistaltik wieder. Unschwer nachvollziehbar sind die Wirkungen von Sonne und Mond, denn sie betreffen einfach verständliche Lebensfunktionen wie beispielsweise das Wachen und Schlafen. Aber es gibt auch feinere Wirkungen, die mittlerweile gut dokumentiert sind. So besteht für die innere Befindlichkeit der Menschen ein Zusammenhang mit dem Auftreten von Sonnenflecken und Sonnenstürmen. Planetare Gezeitenkräfte, die sich beispielsweise aus der Konstellation von Venus, Erde und Jupiter ergeben, haben einen großen Einfluss auf diese Aktivitäten der Sonne, die sich im Übrigen in ganz bestimmten, rhythmischen Intervallen wiederholen.

Das durch die Anthroposophie angeregte holistische Welterleben sucht immer wieder nach solchen Übereinstimmungen zwischen den großen und kleinen Dimensionen sowie den darin stattfindenden Lebensvorgängen. Der ganze Kosmos wird als ebenso lebendig verstanden wie auch die Erde und der Leib eines einzelnen Lebewesens.

So gehen auch die Sterne und Planeten durch ein Werden und Vergehen. Für die Erde spricht Rudolf Steiner analog zu den menschlichen Reinkarnationen von verschiedenen, aufeinanderfolgenden planetarischen Zuständen, in denen sich Entwicklung ereignet.

„Geradeso wie der Mensch Verkörperung nach Verkörperung durchmacht, Metamorphose nach Metamorphose, so machen alle Wesen der Welt Verkörperungen und Wiederverkörperungen durch, vom kleinsten bis zum größten, und auch ein solches Wesen, wie unsere Erde selber ist, also ein planetarisches Wesen, macht Wiederverkörperungen durch. Unsere Erde war nicht etwa schon als Erde entstanden, sondern ihr ging voran ein anderer Zustand. Darüber ist ja gerade in unseren Kreisen immer besonders viel gesprochen worden, daß ebenso wie der Mensch in diesem Dasein die Wiederverkörperung eines vorhergehenden Lebens ist, auch die Erde eine Wiederverkörperung eines alten Planeten darstellt, der ihr vorangegangen ist. Wir bezeichnen als diesen vorangegangenen Planeten den Mond und meinen damit nicht den heutigen Mond, der nur ein Stück, ein Rest ist vom alten Mond, sondern einen vorhergehenden Zustand unserer Erde, der einmal da war und ebenso durch ein geistiges Leben hindurchgegangen ist, das man gewöhnlich Pralaya nennt, wie der Mensch nach dem Tode durch einen geistigen Zustand durchgeht. Dieser Mondplanet ist wiedergeboren worden, wie der Mensch wiedergeboren wird. Was wir aber so als den planetarischen Zustand des Mondes bezeichnet haben, das ist wiederum nur die Verkörperung eines vorhergehenden planetarischen Zustandes, den wir als Sonne bezeichnen. Diese, also nicht die heutige Sonne, sondern ein ganz anderes Wesen, diese Sonne ist die Wiederverkörperung des letzten Planeten, auf den wir zunächst zurückzuschauen haben, wenn wir von den Verkörperungen unserer Erde sprechen, des uralten Saturn. So haben wir also vier aufeinanderfolgende Verkörperungen: den Saturn, die Sonne, den Mond, die Erde."[53]

Übungsaufgabe zu Kapitel 3.2

Versuchen Sie bitte mit eigenen Worten wiederzugeben, was in diesem Kapitel zum Wahrnehmen von Lebensprozessen gesagt wurde.

3.3 Der Mensch
Geburt und Tod

Die Erfolge auf dem Gebiet der Intensivmedizin brachten es mit sich, dass mehr und mehr Menschen die Erfahrung machen, aus dem Sterbeprozess in das Leben zurück zu gelangen. Nach dem Erlöschen der Herz-Kreislauffunktionen, also nach dem Eintreten des klinischen Todes, konnten sie erfolgreich reanimiert werden. Das Erstaunliche ist, dass nicht wenige dieser Menschen davon berichten, was sie in der Zeit des klinischen Todes erlebten. Dieses, als Nahtoderfahrung bezeichnete Erlebnis wirft ein besonderes Licht auf die Frage nach dem Fortbestand des Bewusstseins über den Tod hinaus.

Die zu Beginn des 20. Jahrhunderts durch Rudolf Steiner begründete Anthroposophie ist eine Geisteswissenschaft, die unter anderem ein holistisches, spirituelles Welt- und Menschenbild zum Inhalt hat. Letzteres ist für die Fragestellung nach dem Wesen des Menschen von zentraler Bedeutung und soll darum zuerst in aller Kürze noch einmal (→ 2.3) skizziert werden.

Das Ich des Menschen

Vom idealistischen Philosophen Johann Gottlieb Fichte wird berichtet, dass er seine studentischen Zuhörer einmal zu einem gedanklichen Experiment aufgefordert hat. Sie sollten die Wand denken, auf die der Philosoph während der Vorlesung deutete, und danach denjenigen, der gerade die Wand gedacht hatte. Damit lenkte er die Aufmerksamkeit seiner Zuhörerschaft auf jenen Teil der Person, den er als das „Ich" bezeichnete, und darauf, dass es der Mensch vermag, sich selbst willentlich als Ich zu erfahren. In einem seiner Werke beschreibt Fichte diesen Vorgang so: „Das Ich setzt sich selbst, und es ist, vermöge dieses bloßen Setzens durch sich selbst; und umgekehrt: Das Ich ist, und es setzt sein Seyn, vermöge seines bloßen Seyns. – Es ist zugleich das Handelnde, und das Produkt der Handlung; das Thätige, und das, was durch die Thätigkeit hervorgebracht wird; Handlung, und That sind Eins und dasselbe; und daher ist das: Ich bin, Ausdruck einer Thathandlung."[54]

Rudolf Steiner hat daran im Entwickeln des anthroposophischen Menschenbildes angeknüpft und ausgeführt: „Durch das Selbstbewusstsein bezeichnet sich der Mensch als ein selbständiges, von allem übrigen abgeschlossenes Wesen, als ‚Ich'. Im ‚Ich' fasst der Mensch alles zusammen, was er als leibliche und seelische Wesenheit erlebt. Leib und Seele sind die Träger des ‚Ich'; in ihnen wirkt es. Wie der physische Körper im Gehirn, so hat die Seele im ‚Ich' ihren Mittelpunkt. Zu Empfindungen wird der Mensch von außen angeregt; Gefühle machen sich geltend als Wirkungen der Außenwelt; der Wille bezieht sich auf die Außenwelt, denn er verwirklicht sich in äußeren Handlungen. Das ‚Ich' bleibt als die eigentliche Wesenheit des Menschen ganz unsichtbar. Treffend nennt daher Jean Paul das Gewahrwerden des ‚Ich' eine ‚bloß im verhangenen Allerheiligsten des Menschen vorgefallene Begebenheit'. Denn mit seinem ‚Ich' ist der Mensch ganz allein. – Und dieses ‚Ich' ist der Mensch selbst. Das berechtigt ihn, dieses ‚Ich' als seine wahre Wesenheit anzusehen. Er darf deshalb seinen Leib und seine Seele als die ‚Hüllen' bezeichnen, innerhalb deren er lebt; und er darf sie als leibliche Bedingungen bezeichnen, durch die er wirkt. Im Laufe seiner Entwicklung lernt er diese Werkzeuge immer mehr als Diener seines ‚Ich' gebrauchen. Das Wörtchen ‚Ich', wie es zum Beispiel in der deutschen Sprache angewendet wird, ist ein Name, der sich von allen anderen Namen unterscheidet. Wer über die Natur dieses Namens in zutreffender Art nachdenkt, dem eröffnet sich damit zugleich der Zugang zur Erkenntnis der menschlichen Wesenheit im tieferen Sinne."[55] „So wie der Mensch jetzt in der Welt lebt, leben wir eigentlich, wenn wir innerlich leben, in unserem Ich; denn alle Seelentätigkeiten sind bei dem wachen Menschen mit dem Ich in irgendeiner Weise verknüpft, erscheinen gleichsam alle auf dem Hintergrunde des Ich."[56] Dieses Ich des Menschen als geistige Entität wird anthroposophisch für den Menschen also als Wesenskern verstanden, der auf Erden in einem (physischen, ätherischen und astralischen) Leib erscheint, dessen er sich als Werkzeug bedient.

Das irdische, menschliche Leben beginnt mit der Geburt und es endet mit dem Tod, an den sich ein Fortleben in einer geistigen Welt anschließt, dem eine erneute Geburt in eine folgende, irdische Existenz folgt. Das Leben in der irdischen und geistigen Welt zusammengenommen bezeichnete Rudolf Steiner als das „Totalleben" oder als „eine Inkarnation"[57] des Menschen. Wesentlich ist, dass der Mensch sich in einem Geburtsprozess mit einem irdischen Leib verbindet (sich inkarniert), den er im Sterbeprozess und Tod wieder verlässt (sich exkarniert). Vor der Geburt und nach dem Tod lebt der Mensch leibbefreit in der geistigen Welt.

Der kontinuierliche Geburtsprozess

Die Anthroposophie nimmt für sich in Anspruch, Möglichkeiten der Erfahrung und Erkenntnis über solche Grenzen hinaus erschließen zu können, die ansonsten von der populären Medizin angenommen werden. Dabei handelt es sich aber nicht etwa nur um sogenannte spirituelle Erfahrungen, sondern ebenso um solche, die anderen als den allgemein anerkannten Sinnen des Menschen Erfahrungsqualität zuerkennen. Dafür sei ein kleines, für unser Thema hilfreiches Beispiel angeführt:

In diesem Augenblick wissen Sie, dass Sie leben. Das klingt zunächst simpel. Aber wie können Sie jetzt eigentlich wissen, dass Sie leben? In der Anthroposophie ist die Rede von einem „Lebenssinn": „Solche Wahrnehmung, die sich auf die eigene Leiblichkeit bezieht, soll dem Lebenssinn zugeschrieben werden. Sie ist im Grunde beim wachenden Menschen immer vorhanden, wenn sie auch nur bei einer Störung recht bemerkbar wird. Durch sie empfindet sich der Mensch als ein den Raum erfüllendes, leibliches Selbst."[58] Diese und all die anderen Sinneswahrnehmungen gehören zu jenen hirnbasierten Bewusstseinstatsachen, auf denen die personale Existenz des Menschen beruht (→ 1.3), und es ist einfach nachzuvollziehen, dass wir Menschen mehr oder weniger intensiv in diesen Bewusstseinstatsachen leben. Schon die Ermüdung lässt uns weniger präsent in ihnen sein. Aber auch die konstitutionelle Verfassung eines Menschen hat, anthroposophisch betrachtet, einen mehr oder weniger starken Einfluss auf die Verbindung eines Menschen mit seinem Leib. Geistige Behinderung zum Beispiel wurde von Rudolf Steiner in diesem Sinne erklärt: „Ein solcher Mensch kann sein Gehirn nicht richtig gebrauchen, weil er nicht richtig hineingeschaltet ist. Nur wenn der Mensch sich richtig hineingebären lässt in sein physisches Werkzeug, kann er es richtig gebrauchen."[59]

Im Blick auf das Menschenbild der Anthroposophie kann gesagt sein, dass sich der Mensch im Laufe seines Lebens mit seinem irdischen Leib in einem kontinuierlichen Geburtsprozess mehr und mehr verbindet. Der Prozess der leiblichen Entwicklung ist demnach nicht auf wenige Monate bzw. Jahre (der Embryogenese, Kindheit und Jugend) beschränkt, sondern dauert das ganze Leben an[60], wobei der Entwicklung und Funktion des Gehirns eine entscheidende Bedeutung zukommt, weil das Gehirn als „der Träger der geistigen Ich-Wirkung" verstanden wird.[61]

Die personale Existenz

Das Menschenbild der Anthroposophie ist enzephalozentrisch (im Gegensatz zum kardiozentrischen Menschenbild), unter anderem deshalb, weil die Bedeutung des Gehirns für die Möglichkeit der Präsenz des Menschen in seinem irdischen Leben herausgestellt wird. Das gilt auch für ein Verständnis vom Beginn der personalen Existenz, die mit der „Vereinigung von Geistkeim und physischem Keim" in der dritten bis vierten Woche der Schwangerschaft beginnt.[62] Gemeint ist jener Moment der Embryogenese, in dem nach der Vergrößerung des Neuralrohrs die eigentliche Gehirnentwicklung einsetzt.

Für eine anthroposophische Betrachtung kommt aber ebenso dem Moment direkt nach der Vollendung der Geburt eine besondere Bedeutung zu, insofern sich mit dem Beginn der Atmung jene Lebenskräfte des Menschen mit dem physischen Leib verbinden[63], die sich mit dem klinischen Tod vom selbigen wieder lösen.

Das aktive menschliche Leben ereignet sich in der Zeitspanne der Herz-Kreislauf-Atmungsautonomie – also vom ersten bis zum letzten Atemzug – und wird bis zu den Grenzen des Hirnlebens und Hirntodes von der personalen Existenz überragt. Und dem Hirnleben geht die Zeit der ersten Schwangerschaftswochen voraus. Rudolf Steiner sprach davon, dass der Mensch als „geistige Individualität" in dieser Zeit zwar mit dem werdenden Leib verbunden ist, auf seine Ausgestaltung aber noch keinen Einfluss nimmt.[64] Entsprechendes gilt nach dem Hirntod für die Zeit des intermediären Lebens, in dem der Verstorbene auf seinen abgelegten physischen Leib zurückblickt[65], im gewissen Sinne also bis zum Eintreten des biologischen Todes noch eine Verbindung zum Leichnam hat.

So haben wir jeweils drei Etappen des Geburts- und des Sterbeprozesses vor uns, deren mittlere, markiert durch das Hirnleben beziehungsweise den Hirntod, der personalen Existenz des Menschen entspricht. Die dargestellte, durch Rudolf Steiner schon zu Beginn des 20. Jahrhunderts vertretene anthroposophische Sichtweise, entspricht demnach den Erkenntnissen der Wissenschaft der Gegenwart, nach denen sich die Embryogenese und der Sterbeprozess in Etappen ereignen, von denen das Hirnleben und der Hirntod als Geburt und Tod des Menschen die personale Existenz des Menschen in einem irdischen Leib begrenzen.

Übungsaufgaben zu Kapitel 3.3

Welche der nachfolgend aufgeführten Aussagen sind wahr und welche sind falsch? Zu jeder Aussage gibt es zwei Antworten, die Ihre Feststellung unterstützen. Bitte beachten Sie: Sie beginnen Ihre Antwort mit der Feststellung WAHR oder FALSCH. Dann suchen Sie im vorangegangenen Kapitel nach den Formulierungen oder Zahlen, die Ihre Antwort belegen.

1. Embryogenese und der Sterbeprozess ereignen sich in Etappen. Das Menschenbild der Anthroposophie ist enzephalozentrisch.

2. Leib und Seele sind mit dem Ich verbunden. Alle Seelentätigkeiten hängen damit zusammen.

3.4 Natur und Kultur
Im Zeitalter des Menschen

Der Mensch lebt nicht nur in einer physischen, irdischen Welt, sondern auch in einer geistigen. Beide Welten sind weder für sich genommen, noch für das menschliche Bewusstsein voneinander getrennt. Im Verhältnis des Menschen zu seinem Leben, zur Welt und zu sich selbst kommt das zum Ausdruck. Dessen kann man sich gerade heutzutage mehr und mehr bewusstwerden.

Das Anthropozän

Nehmen wir jetzt noch mal unseren Ausgangspunkt beim Phänomen, dass jeder Mensch, mehr oder weniger intensiv und ausgeprägt, die Welt verstehen und gestalten will. Diese einzigartige Fähigkeit unterscheidet ihn von allen anderen Lebewesen, insofern er sich tatsächlich willkürlich alles Mögliche vorstellen kann. Er kann Ideen haben und ergreifen, schlicht und einfach weil er es will. Das kann sogar ohne direkten äußeren Anlass geschehen. Ebenso ist es dem Menschen möglich, ganz neues, noch nie dagewesenes zu denken und zu tun. Im Laufe der Kulturgeschichte sind darum Dinge und Verhältnisse entstanden, die es ohne den Menschen nicht gegeben hätte. Und von diesen, durch Menschen geschaffenen Dingen und Verhältnissen gehen Einflüsse aus, die das gesamte Lebensgefüge der Welt verändern, in einzelnen Fällen sogar unumkehrbar. Aus diesem Grund spricht man seit einiger Zeit vom „Anthropozän", also dem Zeitalter des Menschen, wenn es darum geht, die gegenwärtige geschichtliche Epoche zu bezeichnen. Darüber, für welchen Zeitpunkt der Beginn des Anthropozän anzusetzen ist, sind sich die Wissenschaftler:innen nicht ganz einig. Manche sagen, dass die industrielle Revolution den Anfang dieser neuen Epoche markierte, andere benennen dafür die Zündung der ersten Atombombe oder die Computerisierung. Wie dem auch sei, die Gemeinsamkeit besteht jedenfalls darin, dass durch das Denken und Handeln der Menschen mittlerweile ein unumkehrbarer Einfluss auf den Verlauf der gesamten Evolution ausgeübt wird. Der Mensch selbst ist zur geologischen Größe geworden.

Dass etwas völlig neues, noch nie Dagewesenes vom Menschen absichtlich geschaffen werden kann, setzt zugleich voraus, dass sein Denken nicht darauf angewiesen ist, eine Vorstellung aus bereits Gewordenem abzuleiten. Anthroposophisch gesprochen könnte man sagen, dass das menschliche Bewusstsein nicht nur mit der natürlichen, irdischen Welt verbunden ist, sondern auch mit der geistigen. Großartige Erfindungen kamen dadurch zustande, dass zunächst jemand das bis dahin Unmögliche gedacht hat. Redensartlich wird das als „Geistesblitz" oder „Intuition" bezeichnet, womit wir zu einem philosophischen Dreh- und Angelpunkt der Anthroposophie gelangen.

In seiner *Philosophie der Freiheit* beschreibt Rudolf Steiner das Wahrnehmen, Fühlen und Denken als drei „Stufen des menschlichen Lebens", über die man schließlich zu einer vierten gelangt, die als die höchste bezeichnet wird. Auf dieser Stufe geht es um besagte Intuition:

„Die höchste Stufe des individuellen Lebens ist das begriffliche Denken ohne Rücksicht auf einen bestimmten Wahrnehmungsgehalt. Wir bestimmen den Inhalt eines Begriffes durch reine Intuition aus der ideellen Sphäre heraus. Ein solcher Begriff enthält dann zunächst keinen Bezug auf bestimmte Wahrnehmungen. Wenn wir unter dem Einflusse eines auf eine Wahrnehmung deutenden Begriffes, das ist einer Vorstellung, in das Wollen eintreten, so ist es diese Wahrnehmung, die uns auf dem Umwege durch das begriffliche Denken bestimmt. Wenn wir unter dem Einflusse von Intuitionen handeln, so ist die Triebfeder unseres Handelns das reine Denken. Da man gewohnt ist, das reine Denkvermögen in der Philosophie als Vernunft zu bezeichnen, so ist es wohl auch berechtigt, die auf dieser Stufe gekennzeichnete moralische Triebfeder die praktische Vernunft zu nennen. [...] Es ist klar, dass ein solcher Antrieb nicht mehr im strengen Wortsinne zu dem Gebiete der charakterologischen Anlagen gerechnet werden kann. Denn was hier als Triebfeder wirkt, ist nicht mehr ein bloß Individuelles in mir, sondern der ideelle und folglich allgemeine Inhalt meiner Intuition."[66]

Die besondere Fähigkeit des Menschen zu freiem Denken beinhaltet also, dass er dadurch zugleich zur Vernunft im besten Sinne veranlagt ist. Und diese Vernunft ist nicht nur von den äußeren, irdischen Verhältnissen aus zu denken, sondern prinzipiell auch von den rein geistigen aus. Das macht möglich, was von Rudolf Steiner in der *Philosophie der Freiheit* als Intuition bezeichnet wird.

Auf andere Weise wird im Buch *Theosophie* das gleiche beschrieben. Dort ist von der Erkenntnis der Wahrheit die Rede, die sich nicht nur auf die eigene Seele bezieht, sondern darüber hinausreicht. Rudolf Steiner führt hier den Begriff „Bewusstseinsseele" ein, um zu verdeutlichen, dass und wie „ewige Wahrheiten" vom Menschen erfahren und erkannt werden können.

„In seiner Seele sucht der Mensch nach Wahrheit; und durch diese Wahrheit spricht sich nicht allein die Seele, sondern sprechen sich die Dinge der Welt aus. Was durch das Denken als Wahrheit erkannt wird, hat eine selbständige Bedeutung, die sich auf die Dinge der Welt bezieht, nicht bloß auf die eigene Seele. [...] Der ewige Geist scheint in diese [Seele] herein. Ein Licht geht in ihr auf, das unvergänglich ist. Sofern die Seele in diesem Lichte lebt, ist sie eines Ewigen teilhaftig. Sie verbindet mit ihm ihr eigenes Dasein. Was die Seele als Wahres und Gutes in sich trägt, ist unsterblich in ihr. – Das, was in der Seele als Ewiges aufleuchtet, sei hier Bewusstseinsseele genannt."[67]

Dass der Mensch verstehen und gestalten will legt nahe, dass es letztlich auf ein überlegtes, planvolles Handeln hinausläuft. Schon die elementarsten Bedürfnisse veranlassen uns dazu, mit unserer Lebenswelt in diesem Sinne umzugehen. Aber es sind nicht nur Hunger und

Durst, die uns zu überlegtem Handeln leiten, es können auch viel weiterreichende, höhere Ziele sein. Eine friedliche, gerechte, ökologisch ausgewogene und gesunde Welt, vielleicht sogar eine, in der all das zusammenkommt, könnte zum Beispiel das Ziel sein. Jedenfalls tragen nicht wenige Menschen ein Bild der Welt in sich, dass mit der vorgefundenen Wirklichkeit nicht vollständig übereinstimmt. Tatsächlich ist es in unserer Welt ja nicht immer „friedlich". Ebenso ist die „Gerechtigkeit" keineswegs garantiert, und damit unsere Welt vielleicht einmal wieder „ökologisch ausgewogen und gesund" sein kann, sind viele Anstrengungen nötig. Und über allem steht die Frage, wie sich in die aktuellen Gegebenheiten der Welt einfügt, was wir Menschen erdenken und tun?

Eine andere Welt

Ein vernünftig handelnder Mensch wird die Grundlagen seines Lebens und Überlebens nicht zerstören. Auf unsere Mitwelt übertragen bedeutet das sorgsam und überlegt zu handeln. Was wir tun, wird sich idealerweise stets in den großen Kreislauf der Natur, in ihr Werden und Vergehen, einfügen. Ein solches Verhalten nennen wir ökologisch sinnvoll. Das dem zugrundeliegenden Gleichgewicht kann jedem Menschen ein Anliegen sein. Sein Bewusstsein legt das nahe, auch wenn es angesichts der Folgen des anthropogenen Klimawandels schwerfällt das zu glauben. Wir wissen, dass die Verhältnisse auf dem Planeten Erde prinzipiell für alle Lebewesen ideal sind, jedenfalls solange besagtes Gleichgewicht gewahrt bleibt. Für alle ist durch Mutter Natur aufs Beste gesorgt. Mit dieser Tatsache sind wir Menschen ebenso verbunden, wie es alle anderen Lebewesen in ihrer Art auch sind. Aber unser Bewusstsein bietet darin die Möglichkeit, unser eigenes Handeln frei zu überdenken. Wir können uns jederzeit erinnern und ebenso Vorstellungen der Zukunft entwickeln. Das bedeutet, dass wir unsere Verbundenheit mit der Mitwelt nicht nur instinktiv verwalten wie die Tiere, sondern frei. Daraus ergeben sich Chancen und Risiken.

In der Anthroposophie kommt wie bereits gesagt hinzu, dass der Mensch nicht nur mit der natürlichen, irdischen Welt verbunden gedacht wird, sondern auch mit der geistigen. Auch dafür gilt, dass sich der Mensch dessen mehr oder weniger klar bewusst sein kann. Wie es bezüglich der Verbundenheit mit der natürlichen Welt um das Gleichgewicht geht, ist es hinsichtlich unseres Lebens in der geistigen Welt die Wahrheit im umfassenden Sinn. Ebenso wie ein vernünftiger Mensch stets darauf bedacht sein wird, durch seine Lebensart das natürliche Gleichgewicht nicht zu stören, wird es ihm ein Anliegen sein, in der Wahrheit zu leben. Auch dieses Anliegen ist elementar. Bereits in der Einleitung zu seinem Buch *Theosophie* ging Rudolf Steiner darauf ein und wies zugleich darauf hin, dass mit diesem Gefühl für Wahrheit eine Erkenntnisqualität verbunden ist.

„Denn das Gefühl und das Verständnis für die Wahrheit liegen in jedem Menschen. [...] Dieses Gefühl, das vielleicht anfangs gar nichts sieht von dem, wovon zu ihm gesprochen wird, es ist selbst der Zauberer, der das ‚Auge des Geistes' aufschließt. In der Dunkelheit regt sich dieses Gefühl. Die Seele sieht nicht; aber durch dieses Gefühl wird sie erfasst von der Macht der Wahrheit; und dann wird die Wahrheit nach und nach herankommen an die Seele und ihr den ‚höheren Sinn' öffnen."[68]

Im einem Vortragszyklus aus dem Jahr 1917[69] entwickelte Rudolf Steiner vor dem Hintergrund der Ereignisse des ersten Weltkriegs einige für die Anthroposophie zentrale Motive. Im Verlauf dieser Vortragsreihe zitierte er insgesamt dreimal den Satz „Mein Reich ist nicht von dieser Welt!" aus dem Johannesevangelium, den Jesus Christus vor dem Ereignis der Kreuzigung und Auferstehung gesagt hatte.[70] Rudolf Steiner wollte damit betont zum Ausdruck bringen, dass a) die „Welt des physischen Plans" nie vollkommen sein kann[71], b) Menschen sich heutzutage mit ihrer Seele nicht mehr vollständig mit dem Leib verbinden können[72] und schließlich, dass c) der Mensch aus seiner Verbundenheit mit der geistigen Welt heraus dennoch dafür sorgen kann, dass die soziale Menschheitsstruktur gesundet: „Wenn der Mensch einsehen wird, dass er sich jetzt vorzubereiten hat, wiederum einen Anschluss zu suchen an die geistige Welt, um in das Reich von *dieser* Welt ein Reich hineinzubringen, das *nicht* von dieser Welt ist, das aber das Reich von dieser Welt überall durchdringt, dann erst wird Heil in die chaotische soziale Menschheitsstruktur hineinkommen.“[73] Es muss also eine Brücke da sein, zwischen der inneren und der äußeren Welt, bzw. den Gedanken der Menschen und dem spirituellen Wissen.[74] Das bezeichnete Rudolf Steiner als notwendige „Umkehr“, auf die es heutzutage besonders ankommt.[75] Es geht also letztendlich nicht um eine bessere Welt, denn dazu würden die bestehenden Verhältnisse lediglich optimiert, sondern um eine ganz andere Welt, von der wir mindestens in unseren Ahnungen ein anfängliches Wissen haben.

An der Schwelle

Immer wieder finden sich Äußerungen Rudolf Steiners darüber, dass wir uns als Menschheit gegenwärtig in einer Epoche des Übergangs befinden. Zum zeitgeschichtlichen Hintergrund haben wir bereits einiges erfahren (→ 1.1 bis 1.4), aber das Gemeinte wurde auch spirituell konnotiert gesagt. Aus der eben beschriebenen Verbindung des menschlichen Bewusstseins mit der geistigen Welt würde sich mehr und mehr ein klares Wissen entwickeln, weshalb die Genialität der Zukunft eine andere sein wird.

„Wo etwas dem Genie Ähnliches in der Zukunft auftreten wird, wird es darauf beruhen, dass die betreffenden Seelen, die man ja auch dann genial nennen mag, eben tiefer hineinsehen in das Leben der geistigen Umgebung, dass also nicht aus dem unbewussten Körperlichen die Impulse heraufsteigen, sondern dass die Betreffenden tiefer hineinsehen in die geistige Welt. Gerade an so etwas wie der Umwandelung des Genies sehen wir den tiefen Einschnitt, der da ist zwischen dem, was Entwickelung in der Vorzeit war und was Entwickelung in der Zukunft sein wird. Man möchte sagen: Aus der Körperlichkeit kam das Genie der Vorzeit, aus dem Hineinschauen der Seele in die Geistigkeit wird das kommen, was an die Stelle des Genies in der Zukunft treten wird."[76]

Übungsaufgaben zu Kapitel 3.4

Bitte beantworten Sie drei Fragen zu diesem Kapitel:

1. Was ist mit dem Begriff „Anthropozän" gemeint?

2. Was bezeichnet Rudolf Steiner als die vierte und höchste Stufe des individuellen Lebens?

3. Was ist das Besondere der im Denken erkannten Wahrheiten?

TEIL 4

4.1 Entstehung und Entfaltung der Anthroposophie

Arbeitsfelder

Mittlerweile ist es so, dass man der Anthroposophie in vielen Bereichen des Lebens begegnen kann. Was als Geisteswissenschaft geschaffen wurde, findet sich in den verschiedensten Anwendungsgebieten umgesetzt. Das war Rudolf Steiner ein großes Anliegen, denn das durch ihn vertretene Welt- und Menschenbild erweitert durch spirituelle Vertiefung den Erkenntnishorizont.

„Wer gegenwärtig eine Darstellung übersinnlicher Tatsachen gibt, der sollte sich über zweierlei klar sein. Das erste ist, dass unsere Zeit die Pflege übersinnlicher Erkenntnisse braucht; das andere aber, dass heute im Geistesleben eine Fülle von Vorstellungen und Empfindungen vorhanden ist, die eine solche Darstellung für viele geradezu als wüste Phantasterei und Träumerei erscheinen lassen. Es braucht die Gegenwart übersinnliche Erkenntnisse, weil alles dasjenige, was auf die gebräuchliche Art der Mensch über Welt und Leben erfährt, eine Unzahl von Fragen in ihm anregt, die nur durch die übersinnlichen Wahrheiten beantwortet werden können. Denn darüber sollte man sich nicht täuschen: was man über die Grundlagen des Daseins innerhalb der heutigen Geistesströmung mitgeteilt erhalten kann, sind für die tiefer empfindende Seele nicht Antworten, sondern Fragen in Bezug auf die großen Rätsel von Welt und Leben. Eine Zeitlang mag sich mancher der Meinung hingeben, dass er in den ‚Ergebnissen streng wissenschaftlicher Tatsachen' und in den Folgerungen manches gegenwärtigen Denkers eine Lösung der Daseinsrätsel gegeben habe. Geht die Seele aber bis in jene Tiefen, in die sie gehen muss, wenn sie sich wirklich selbst versteht, so erscheint ihr das, was ihr anfänglich wie Lösung vorgekommen ist, erst als Anregung zu der wahren Frage. Und eine Antwort auf diese Frage soll nicht bloß einer menschlichen Neugierde entgegenkommen, sondern von ihr hängt ab die innere Ruhe und Geschlossenheit des Seelenlebens. Das Erringen einer solchen Antwort befriedigt nicht bloß den Wissensdrang, sondern sie macht den Menschen arbeitstüchtig und gewachsen den Aufgaben des Lebens, während ihn der Mangel einer Lösung der entsprechenden Fragen seelisch und zuletzt auch physisch lähmt. Erkenntnis des Übersinnlichen ist eben nicht bloß etwas für das theoretische Bedürfnis, sondern für eine wahre Lebenspraxis. Gerade wegen der Art des gegenwärtigen Geisteslebens ist daher Geist-Erkenntnis ein unentbehrliches Erkenntnisgebiet für unsere Zeit."[77]

Fachkurse

Gewiss hat Rudolf Steiner einem Bedürfnis vieler Menschen entsprochen, als er seit Beginn des 20. Jahrhunderts die Anthroposophie entwickelt und dargestellt hat. Anders lässt sich sein Erfolg nicht erklären. Es war eine Zeit gravierender Veränderungen und Umbrüche. Ein geistesgeschichtlicher Wandel lag in der Luft. Viele Fragen wurden gestellt, und manche von ihnen wurden im Mainstream hinreichend befriedigend beantwortet. Aber es gab eben auch einen Bereich, der sich neu aufgetan hatte und der in der herkömmlichen Art nicht zu verstehen war. Und an dieser Stelle setzt die Anthroposophie an. Im eben wiedergegebenen Zitat ist das prägnant ausgedrückt.

Sehr bald dachte Rudolf Steiner darüber nach, ob und wie man die Anthroposophie auch anders als in Büchern und Vorträgen darstellen könnte. So ergaben sich die ersten diesbezüglichen Versuche mit den Mitteln der darstellenden Kunst. 1908 begannen die Entwicklungen einer Bewegungskunst, die ab 1912 „Eurythmie" genannt wurde. Mit ihr werden Sprache und Musik tänzerisch sichtbar gemacht. Ebenfalls im Jahr 1908 wurden die ersten Überlegungen für ein Festspielgebäude angestellt, das als „Johannesbau" in München errichtet werden sollte. Nachdem dieses Vorhaben von den Behörden nicht genehmigt worden war, verlegte man die Aktivitäten in die Schweiz nach Dornach, wo schließlich zwischen 1913 und 1922 das erste „Goetheanum" entstand. Die ursprünglichen Pläne für den Johannesbau gingen in dieses Projekt ein, das als Gesamtkunstwerk in charakteristischer Formensprache umgesetzt wurde. Nun war ein Ort geschaffen, an dem seither die durch Rudolf Steiner verfassten *Mysteriendramen* und Goethes *Faust* regelmäßig – auch im Nachfolgebau des durch Brandstiftung 1922 zerstörten Goetheanum – zur Aufführung gebracht werden.

Im Rahmen der Anthroposophischen Gesellschaft wurde 1920 die Aktiengesellschaft „Der kommende Tag" gegründet, in der verschiedenste Firmen assoziiert waren. Vorgesehen war, dass die erwirtschafteten Erträge „zur Förderung wirtschaftlicher und geistiger Werte" im Sinne der Anthroposophie verwendet werden. Die Gesellschaft scheiterte allerdings infolge der Weltwirtschaftskrise und musste darum schon 1925 liquidiert werden. Dennoch war ein wichtiger Impuls dafür gesetzt, um die Anthroposophie ganz in die praktischen, alltäglichen Verhältnisse zu integrieren.

Dieses Anliegen wurde ab 1919 verfolgt. Der erste große Krieg war vorbei und die Welt begann sich neu zu ordnen. Auf diese Entwicklungen versuchte Rudolf Steiner durch die „Soziale Dreigliederung" Einfluss zu nehmen, insofern die anthroposophischen Ideen für die gesellschaftlichen Gestaltungen angewendet werden sollten. In diesem Sinne war auch die Gründung der ersten „Waldorfschule" gemeint, die als Betriebsschule der Waldorf-Astoria Zigarettenfabrik konzipiert worden war.

Es ist ein aus heutiger Sicht erstaunliches Phänomen, dass zwischen 1919 und 1924, also in nur fünf Jahren, all jene „Tochterbewegungen" entstanden, durch die man in der Öffentlichkeit von der Anthroposophie auch heutzutage noch vor allem weiß. Immer war es so, dass Menschen mit speziellen beruflichen Hintergründen nach Möglichkeiten suchten, die Anthroposophie mit den Anforderungen des alltäglichen, praktischen Lebens zu verbinden. In vielen Fachkursen und Beratungen wurden die entsprechenden Fragen mit Rudolf Steiner bearbeitet, dessen umfassende Kompetenz auch noch aus heutiger Sicht absolut erstaunlich ist.

Vom künstlerischen Bereich aus, mit dem es begann, führte diese Entwicklung der Anthroposophie zu vielfältigen, gänzlich neuen Ansätzen in den Sozialwissenschaften und der Ökonomie, der Pädagogik und Heilpädagogik, der Medizin, Pharmazie sowie in den Naturwissenschaften, und zuletzt auch mit der Gründung der Christengemeinschaft auf religiösem Gebiet oder mit dem *Landwirtschaftlichen Kurs* (→ 4.4) für die biologisch-dynamische Arbeit an der Erde.

Zusammengefasst kann gesagt werden, dass Anthroposophie im allgemeinen kulturellen Wandel Akzente gesetzt hat und mit diesem Prozess bis zu einem gewissen Grad immer noch verbunden geblieben ist. Anthroposophie ist heutzutage im Alltag vielerorts sichtbar. Aber mehr denn je stellt sich die Frage, ob eine „Anwendungsanthroposophie" das Beabsichtigte, oder ob ein Schöpfen aus den ursprünglichen geistigen Quellen von wesentlicher Bedeutung ist? Denn ganz sicher reicht es nicht, das einmal Entwickelte rezeptiv anzuwenden. Worum es geht, ist ein lebendiges Hervorbringen und Weiterentwickeln der Anthroposophie durch die in verschiedenen Berufen tätigen Menschen. Anthroposophie ist so gesehen nie fertig, sie wandelt sich und entsteht immer wieder neu.

Die Allgemeine Anthroposophische Gesellschaft

Eine erste Anthroposophische Gesellschaft war 1912 in Köln gegründet worden, nachdem Rudolf Steiner sich wegen gravierender Differenzen von der Theosophischen Gesellschaft getrennt hatte. Später, im Jahr 1923, wurde während der so genannten „Weihnachtstagung" die „Allgemeine Anthroposophische Gesellschaft" mit ihrem

Sitz am Goetheanum in Dornach gegründet. In diese Gesellschaft, in der Rudolf Steiner persönlich den Vorsitz übernommen hatte, wurden alle bis dahin bestehenden anthroposophischen Vereine integriert.

Heutzutage ist die Allgemeine Anthroposophische Gesellschaft weltweit verbreitet. In 78 Ländern auf allen Kontinenten engagieren sich Menschen in ihr. Mitglied der Gesellschaft kann jeder Mensch werden, der im Goetheanum in Dornach als Freie Hochschule für Geisteswissenschaft, etwas Berechtigtes sieht. In örtlichen Gruppen, den so genannten „Zweigen", finden Zusammenkünfte und diverse Veranstaltungen statt, die den gedanklichen Austausch und die Zusammenarbeit unter den Mitgliedern ermöglichen. Dadurch wird die praktische Anwendung und weitere Entwicklung der Anthroposophie gefördert.

Die Allgemeine Anthroposophischen Gesellschaft ist Trägerin der „Freien Hochschule für Geisteswissenschaft", die, wie bereits gesagt, ihr Zentrum ebenfalls am Goetheanum in Dornach hat und weltweit verbreitet ist. In ihr geht es um die systematische Vertiefung eines Weges zu spiritueller Entwicklung (→ 4.3) und ihrer praktischen Anwendung.

Die Freie Hochschule für Geisteswissenschaft

Für die Freie Hochschule für Geisteswissenschaft waren ursprünglich drei „Klassen" vorgesehen. Damit sollte zum Ausdruck kommen, dass deren Mitglieder sich unterschiedliche Kompetenzen bezüglich der Anthroposophie erarbeitet haben. Rudolf Steiner hat bis zu seinem Tod im Jahr 1925 allerdings nur die erste Klasse einrichten können, für die er spezielle Unterweisungen, die so genannten „Klassenstunden", gegeben hat. Diese Lehrstunden sind ganz auf die meditative Schulung ausgerichtet, indem sie in Meditationen und Erläuterungen den Weg der spirituellen Entwicklung im Sinne der Anthroposophie beschreiben.

Die Hochschule selbst ist in eine allgemein anthroposophische und zehn Fachsektionen gegliedert, in denen die Ideen und Erkenntnisse der Anthroposophie auf praktische Arbeits- und Lebensfelder bezogen und weiterentwickelt werden. Angehörige dieser Hochschule können Menschen werden, die vorher eine gewisse Zeit als Mitglied innerhalb der Allgemeinen Anthroposophischen Gesellschaft aktiv waren und nun darüber hinaus die Anthroposophie repräsentieren wollen.

4.2 Die Welt
Erkennen und gestalten

Geistige Wirkungen in der gegenständlichen Welt treten besonders in allen Lebensprozessen hervor, um die es in der Landwirtschaft ja immer geht. Der Mensch kann und soll sich die Fähigkeiten aneignen, sie bewusst zu erleben und zu gestalten, wozu die Anthroposophie eine Hilfe sein kann. In ihr findet sich der Ansatz für klares Erkennen in einem goetheanistisch-holistischem Erleben und Studium der Natur, das sinnvoll ergänzt was aufgrund naturwissenschaftlicher Forschung und Praxis gewusst wird.

Geistige Welt und irdische Welt

Wenn von einem seelisch-geistigen Hintergrund der Welt die Rede ist, liegt die Frage nah, was damit überhaupt gemeint ist. Um eine gewisse Ahnung dafür zu ermöglichen, wurde in den vorangegangenen Kapiteln immer wieder auf Bereiche des Übergangs hingewiesen. Die Kristallformen, Düfte und Farben der Pflanzen, der Charakter beseelter Lebewesen usw. können mit einer gewissen Übung für sich genommen erlebt werden. Aber natürlich weisen auch die Gedanken, Gefühle und Ideen der Menschen in eine Richtung, die nicht nur aufgrund von Physik, Biologie und Chemie verstanden werden kann. Wenn man es will, wird man unschwer nachvollziehen können, dass und wie eine Wahrnehmung im eigenen Bewusstsein im Zusammenkommen von sinnlicher Erfahrung und geistiger Aktivität zustande kommt. Und eben genau dieser Bereich, auf den wir zurückgreifen, um unsere sinnlichen Erfahrungen mit geeigneten Begriffen zu verbinden, liegt am Rand derjenigen Welt, die als seelisch-geistig bezeichnet wird. Wir betreten sie von unserem eigenen Bewusstsein aus, und zwar keineswegs im Aufsuchen von Traum- und Rauscherfahrungen, sondern basierend auf klaren, wachen Gedanken. Das unterscheidet die Anthroposophie gravierend von manchen Praktiken, die gemeinhin als „Esoterik" bezeichnet werden.

Den ersten Zugang zur seelisch-geistigen Welt findet der Mensch im gewöhnlichen inneren Erleben, also im eigenen Bewusstsein. Das gilt es ebenso zu beachten wie die Tatsache, dass die seelisch-geistige Welt nicht als ein von der irdisch-sinnlichen Welt getrenntes Jenseits zu verstehen ist, sondern diese durchdringt und insofern tatsächlich allgegenwärtig ist. Rudolf Steiner hat das einmal bildhaft wie folgt beschrieben:

„Wie ein Stück Eis, das auf dem Wasser schwimmt, Stoff ist des umgebenden Wassers, aber sich durch gewisse Eigenschaften von diesem abhebt, so sind die Sinnendinge Stoff der sie umgebenden Seelen- und Geisterwelt; und sie heben sich von diesen durch gewisse Eigenschaften ab, die sie sinnlich wahrnehmbar machen. Sie sind – halb bildlich gesprochen – verdichtete Geist- und Seelengebilde; und die Verdichtung bewirkt, dass die Sinne sich von ihnen Kenntnis verschaffen können. Ja, wie das Eis nur eine Form ist, in der das Wasser existiert, so sind die Sinnendinge nur eine Form, in der die Seelen- und Geistwesen existieren. Hat man das begriffen, so fasst man auch, dass, wie das Wasser in Eis, so die Geist- in die Seelenwelt und diese in die Sinnenwelt übergehen können. […] Nur weil die Dinge der Sinnenwelt nichts anderes sind als die verdichteten Geistwesenheiten, kann der Mensch, der sich durch seine Gedanken zu diesen Geistwesenheiten erhebt, in seinem Denken die Dinge verstehen. Es stammen die Sinnendinge aus der Geisterwelt, sie sind nur eine andere Form der Geisteswesenheiten; und wenn sich der Mensch Gedanken über die Dinge macht, so ist sein Inneres nur von der sinnlichen Form ab- und zu den geistigen Urbildern dieser Dinge hingerichtet. Ein Ding durch Gedanken verstehen ist ein Vorgang, der verglichen werden kann mit dem, durch welchen ein fester Körper zuerst im Feuer flüssiggemacht wird, damit ihn der Chemiker dann in seiner flüssigen Form untersuchen kann."[78]

Geistige Wesen

Von der Vorstellung der sich durchdringenden physischen, seelischen und geistigen Welten aus ist der Übergang zur Vorstellung von darin existierenden Wesen der nächste Schritt. Denn allen sinnlich sichtbaren Wesen ist zugleich eine seelisch-geistige Seinsform zu eigen, die bei entsprechender Aufmerksamkeit wahrgenommen werden kann. Hinsichtlich der Pflanzen sprach Goethe von der Urpflanze. Aber auch ein Wesen der Mineralien, Tiere und Menschen kann in ähnlicher Weise erlebt und benannt werden. Im Blick auf das Mineral-, Pflanzen- und Tierreich ist in der Anthroposophie von Gruppenwesen die Rede. Das Wesen Löwenzahn beispielsweise erscheint in der Natur in vielen einzelnen Exemplaren wie auch all die anderen Pflanzen, ebenso die Tiere und Mineralien. Für den Menschen ist das etwas anders, insofern zur allgemein vergleichbaren Erscheinung eines jeden Menschen unter allen anderen Menschen seine Individualität hinzukommt. Wie wir wissen, vermag es der Mensch – im Unterschied zu allen anderen Lebewesen – aus individuellen Impulsen willentlich zu handeln. (→ 3.4) Diesen Grad der Freiheit verdankt er der Tatsache, dass ihm sein Ich voll bewusst sein kann. Wie das Rind in vielen verschiedenen Rindern erscheint, erscheint jeder Mensch so gesehen in einer einzigartigen Person. Er existiert also nicht nur in einem Gruppenwesen, sondern ist zugleich auch eine in sich geschlossene Individualität.

Wenn wir bis jetzt gesehen haben, dass in der Anthroposophie alle Wesen nicht nur physisch, sondern auch seelisch-geistig verstanden werden, können wir nun hinzunehmen, dass ebenso von Wesen die Rede ist, die von einem physischen Leib unabhängig existieren. Würden wir die Ordnung von Stein, Pflanze, Tier und Mensch erweitern, kämen wir dann zu den Engeln. Um uns von diesen geistigen Wesen eine Ahnung zu verschaffen, kommen nun nicht nur die bereits erwähnten Übergänge in Betracht, sondern, darüber hinaus, auch die darin wirkenden Absichten. In der Musik zeigt sich in den Klängen die Komposition, in einer Landschaft erkennen wir das sinnvolle Zusammenspiel verschiedener Kräfte, im Leben eines Menschen eine zielführende Lebensspur.

Will man die Welt der Engel in seine Aufmerksamkeit einbeziehen, ist es den genannten Phänomenen gegenüber wichtig, sich in weitest gehender Unbefangenheit zu üben. Ein solches Schweigen der eigenen Gedanken und Absichten, das nicht einfach zu erreichen ist, wird uns manchmal in besonderen Augenblicken der Überraschung geschenkt: Dann erleben wir in den Klängen eines Oratoriums vielleicht etwas „überirdisch" Anmutendes, in einer Landschaft eine besondere Harmonie, im Leben eines Menschen das gute Geschick.

Die Vorstellung von einem Engel ist oft religiös vorgeprägt. So denken viele Menschen an geflügelte Wesen, die ihrer Gestalt nach dem Menschen ansonsten nicht unähnlich sind. Solche Vorstellungen können unter Umständen hilfreich sein, notwendig sind sie aber nicht. Geistige Wesen sind in Wirklichkeit kein Abbild physischer Leibes- und Lebensformen. Es ist darum nicht sinnvoll, allzu lange an Bildern festzuhalten, die der Ikonografie überlieferter Religionen entlehnt sind. Vielmehr können wir über die Erfahrung der in der natürlichen Welt wirkenden Absichten jene, die menschlichen Möglichkeiten überragende Weisheit der Engel ansatzweise erleben. Diese Weisheit für sich genommen ist körperlos, aber dennoch „wesentlich".

In Anlehnung an die traditionelle Überlieferung ist in der Anthroposophie von einer neunstufigen Hierarchie der Engel die Rede.[79] Ihnen allen obliegen bestimmte Aufgaben im Ganzen der Welt, wofür sie mit den so genannten Elementarwesen zusammenwirken, die in den verschiedenen Bereichen der Natur in diesem Sinne wirksam sind. Über den Engeln steht die göttliche Trinität als höchste Schöpferkraft und unter ihnen der Mensch.

Kulturtaten des Menschen

Das Weltbild der Anthroposophie ist anthropozentrisch. Zum einen bezieht sich das darauf, dass alle Erklärungen der Welt und jede davon abgeleitete Ethik vom Menschen ausgehen und nur für die Menschen selbst verständlich sind. Zum anderen ist die ganze Welt vom Menschen aus betrachtet in jeder Hinsicht zugunsten der menschlichen Entwicklung ausgestaltet, wobei es ausdrücklich zum Potenzial und zur Bestimmung des Menschen gehört, mit allen zur Verfügung stehenden Möglichkeiten aktive Verantwortung für das Wohl aller Mitwesen zu übernehmen. Täte er das nicht, würde er zuletzt ja auch sich selbst schaden. Unter diesen Vorzeichen ist zu verstehen, was Rudolf Steiner zur Frage nach dem Sinn der Erde ausgeführt hat:

„Wir haben auch öfter erwähnt, dass jeder planetarische Zustand eine bestimmte Aufgabe hat. Was hat unsere Erde für eine Aufgabe? Die Aufgabe unserer Erde ist, dem Menschen, wie wir ihn heute Mensch nennen, eben sein Menschendasein möglich zu machen. Alle Wirkungen der Erde sind so, dass durch sie der Mensch eine Ich-Wesenheit wird. Das war in früheren Zuständen, die er mitgemacht hat, nicht der Fall. Der Mensch ist also sozusagen Mensch im heutigen Sinne erst auf der Erde geworden. Eine ähnliche Aufgabe hatten die früheren planetarischen Zustände, die die Erde durchgemacht hat. Andere Wesenheiten sind auf diesen anderen Planeten Mensch geworden, Wesenheiten, die heute eben höher stehen als der Mensch. Sie erinnern sich vielleicht aus meinem Buche *Das Christentum als mystische Tatsache*, dass ein ägyptischer Weiser dem Griechen Solon einmal eine merkwürdige Andeutung gemacht hat über eine Mysterienwahrheit; dass er ihm gesagt hat, es sei eine wichtige Wahrheit, dass die Götter einstmals Menschen waren. Das gehörte geradezu zu jenen Wahrheiten, die der Mysterienschüler schon im Altertum empfangen musste, dass die Götter, die heute oben stehen in den geistigen Höhen, nicht immer Götter waren, sondern dass sie hinaufgestiegen sind und dass sie auch einmal Menschen gewesen sind, auch einmal die

Menschheitsstufen durchgemacht haben. Natürlich folgt daraus unmittelbar eine gefährliche Wahrheit, die die Mysterienschüler auch daraus ziehen mussten als Konsequenz: dass nämlich die Menschen einmal Götter werden. Und gerade um dieser Konsequenz willen betrachtete man diese Wahrheit als etwas Gefährliches; denn notwendig ist, dass man sich zu gleicher Zeit sagt: Der Mensch kann erst Gott werden, wenn er dazu reif ist; und wenn er sich jemals in einem Augenblick einbildet, den Gott in sich zu finden, bevor er reif dazu ist, so wird er eben nicht ein Gott, sondern ein Tor. – Und dem Menschen stehen daher diese zwei Wege offen: in Geduld seiner, wie es Dionysius nennt, Deifikation entgegenzuleben, seiner Gottwerdung, oder aber sich vorher einzubilden, er sei schon Gott. Der eine Weg führt wirklich zur Vergottung, der andere zur Torheit, zur Narrheit."[80]

Wenn wir davon ausgehen, dass die Entwicklung des Menschen darin besteht, selbst einmal die Stufe der Engel zu erreichen, können wir uns zum besseren Verständnis an das erinnern, was wir über die geistigen Wesen eben erfahren haben: Ihr Wirken wird über das Erleben von übergeordneten Absichten zugänglich. Ihre Intelligenz und Weisheit erfasst weiterreichende Zusammenhänge. Betrachtet man die durch den Menschen ausgelöste kulturelle Entwicklung, zeichnet sich tatsächlich genau das ab. Nicht ohne Grund versteht man den Menschen inzwischen als geologischen Faktor (→ 3.4) und die Jetztzeit folglich als Anthropozän. Gleichwohl ist noch weitgehend offen, in welche Richtung die Entwicklung letztlich verlaufen wird. Der menschliche Einfluss kann de facto dem Leben dienen, er kann es aber auch zerstören. Die Entscheidung darüber liegt in unserer Hand.

Übungsaufgaben zu Kapitel 4.2

Bitte beantworten Sie drei Fragen zu diesem Kapitel:

1. Wodurch vermag es der Mensch – im Unterschied zu allen anderen Lebewesen – aus individuellen Impulsen willkürlich zu handeln?

2. Wie kann man eine Ahnung vom Wirken der Engel entwickeln?

3. Was bezeichnete Rudolf Steiner als die Aufgabe der Erde?

4.3 Der Mensch
Freiheit und Verantwortung

Die Anthroposophie will vor dem Hintergrund eines ganzheitlich-spirituellen Welt- und Menschenbildes dazu beitragen, mit den praktischen Obliegenheiten des Lebens sinnvoll umzugehen. Es geht vor allem darum, dass einzelne Menschen und Menschengemeinschaften sich ihrer Freiheit und Verantwortung bewusstwerden.

Leitlinien für das eigene Handeln

Das menschliche Leben ist anthroposophisch betrachtet nicht auf das Hier und Jetzt beschränkt. Es gibt unabhängig vom irdischen Leib auch ein vorgeburtliches und ein nachtodliches Dasein. Eine Inkarnation nannte Rudolf Steiner die zusammengenommene Zeit eines Erdenlebens und der Etappe eines daran anschließenden Lebens in der geistigen Welt. Die Verbindung von einer Inkarnation mit der nächsten bezeichnete er als einen Kausalitätsrhythmus[81], in dem der Mensch mit seinem Ätherleib das persönliche Schicksal, das „Karma", vom einen Erdenleben zum anderen mit sich trägt. Legt man dieses Menschenbild zugrunde, ergeben sich entsprechende Leitlinien für das eigene Handeln. Mit jeder Tat ist die Verantwortung für die Folgen verbunden, die dadurch für die Mitwelt geschaffen werden.

„Vor allen Dingen folgt aus der Idee des Karma, dass wir nicht durch einen Zufall – das geht gerade aus der gestrigen Betrachtung hervor, wie ich glaube – uns hereingestellt fühlen sollen in die Weltordnung, nicht durch Zufall uns hingestellt fühlen sollen auf den Posten, auf dem wir uns befinden im Leben, sondern dass diesem Hingestelltsein gleichsam eine Art von unterbewusstem Willensentschluss zugrunde liegt; dass wir gewissermaßen, bevor wir in dieses irdische Dasein getreten sind, in das wir uns herausgearbeitet haben aus der geistigen Welt zwischen Tod und Geburt, als Ergebnis unserer früheren Inkarnationen in der geistigen Welt den Willensentschluss gefasst haben – den wir nur wieder vergessen haben, als wir uns in den Körper einlebten –, uns hinzustellen an den Platz, an dem wir stehen. So dass das Ergebnis eines vorgeburtlichen, vorirdischen eigenen Willensentschlusses uns an unseren Lebensplatz hinstellt und uns ausstattet gerade mit der Neigung für diejenigen Schicksalsschläge, die uns treffen. Wenn der Mensch dann zu der Überzeugung kommt von der Wahrheit des Karmagesetzes, kann es nicht ausbleiben, dass er in gewisser Beziehung beginnt, Neigung, ja vielleicht sogar Liebe zu haben für den Posten der Welt, auf den er sich gestellt hat, welcher Art dieser Posten auch sein mag."[82]

Mit der Vorstellung vom Karma ist demnach bestenfalls auch eine grundsätzliche Bejahung der persönlichen Lebensverhältnisse verbunden. Allerdings darf das nicht zur Gleichgültigkeit oder Mitleidlosigkeit führen. Karmische Betrachtungen sind nicht einfach, weil das Schicksal niemals nur die einzelne Person, sondern immer den ganzen Lebensumkreis betrifft.

Die Bedeutung der Gemeinschaft

Nicht nur die Natur kann ganzheitlich, systemisch betrachtet werden, sondern für sich genommen auch die Gemeinschaft der Menschen. Naheliegend ist, dass man dafür den Kreis der Familie und Freunde in Augenschein nimmt. Aber auch die Arbeitskolleg:innen, die Mitbewohner:innen im Kiez, der Stadt oder dem Land kommen dafür ebenso infrage wie schließlich die Gemeinschaft aller Menschen auf Erden. Sie alle sind Teil der Menschenwelt, in der jede:r von uns existiert. Und in diesen komplexen Zusammenhängen gehen von jedem

Menschen Einflüsse aus, die mehr oder weniger deutlich alle anderen betreffen.

Hinzu kommt noch die Verbundenheit der jetzt lebenden Menschen mit vorangegangenen und folgenden Generationen. Auch damit verhält es sich so, dass es Einflüsse gibt, die weit über die Lebenszeit eines Menschen hinausreichen. In den indigenen Kulturen Nordamerikas wird bis auf den heutigen Tag die Vorstellung tradiert, dass derlei Einflüsse sieben Generationen zurück und ebenso sieben Generationen weit voraus reichen. Dessen solle man sich vor jeder wichtigen Entscheidung bewusst sein.[83]

Vermutlich ist in einer Gemeinschaft von Menschen, auch über Generationen hinweg, nicht nur bedeutsam, was äußerlich sichtbar überliefert wird, sondern auch ätherische Kräfte (→ 3.2), die in allen lebendigen Formen wirksam sind. Das kann in einer Gemeinschaft von Menschen ansatzweise erlebt werden, wenn beispielsweise vom „Wesen einer Gemeinschaft" oder vom „Teamspirit" die Rede ist. Die seelisch-geistigen Möglichkeiten einzelner Menschen können in einer Gemeinschaft gesteigert werden. In vielen anthroposophischen Zusammenhängen kommt aus diesem Grund der Konferenz eine besondere Bedeutung zu. In der Landwirtschaft ist mit dem Hoforganismus das gleiche gemeint. Das Wahrnehmen in diesem Bereich der ätherischen Kräfte kann geübt werden, wofür sich im Werk Rudolf Steiners manche Anregungen finden.

Kontemplation, Meditation und Gebet

Wenn es in der Anthroposophie immer wieder darum geht, wie ein Weg spiritueller Entwicklung gegangen werden kann, schließt das an ein ganz gewöhnliches und bekanntes Bedürfnis an. Es ist ja so, dass die allermeisten Menschen hin und wieder Momente der Ruhe und Einkehr für sich gestalten. Daraus lässt sich Kraft schöpfen und eine differenziertere Überschau über die alltäglichen Obliegenheiten wird möglich. In der Anthroposophie finden sich viele Anregungen und zahlreiche ganz konkrete Übungen dafür. Für die verschiedenen Berufsgruppen (→ 4.1) hat Rudolf Steiner sogar spezielle Vorschläge gemacht. Insgesamt gesehen lassen sich drei Bereiche des Übens voneinander unterscheiden, nämlich die Kontemplation, die Meditation und das Gebet. In gewisser Weise hängen sie miteinander zusammen und bauen aufeinander auf.

Es beginnt mit der Kontemplation, die man als beschauliches Nachdenken im Sinne einer gewollt vermehrten inneren Aufmerksamkeit verstehen kann. Rudolf Steiner nannte derartige Übungen unter anderem „Nebenübungen" und gab in seinem Buch *Wie erlangt man Erkenntnisse der höheren Welten?* viele Hinweise dafür, wie das Alltagsleben auf diese Weise vertieft werden kann.

Gegenstand einer Kontemplation kann beispielsweise die Betrachtung von Pflanzen sein. Man kann eine blühende Blume so anschauen, dass Herz und Sinn für ihre Schönheit angesprochen werden. Dabei geht es nicht um ein bloßes Botanisieren, also um ein vordergründiges Verstehen, sondern um ein hintergründiges Erfahren des Lebens der konkreten Pflanze und des Lebens überhaupt. Eine Pflanze, der wir uns in Kontemplation zuwenden, kann vor uns stehen, während wir sie mit offenen Augen und in aller Ruhe betrachten. Wir können uns eine so angeschaute Pflanze später aber auch aus der Erinnerung bei geschlossenen Augen in gleicher beschaulicher Ruhe vorstellen. Dabei wird es darum gehen, den Gegenstand, das Wesen oder das Ereignis der Kontemplation möglichst ausschließlich in der inneren Aufmerksamkeit gegenwärtig sein zu lassen. Für die Kontemplation kommt es zugleich aber auch darauf an, dass die Vorstellung möglichst genau und präzise ist. Wir können uns fragen wie die Blüte gebildet und geformt, wie die Blütenstände beschaffen sind usw. Das besagt, dass eine kontemplative Übung durch genaue Beobachtung vorbereitet und immer wieder mit jener Wirklichkeit abgeglichen sein will, die sich unserer sinnlichen Wahrnehmung erschließt. Es geht bei der Kontemplation nicht um „Phantasiereisen" oder um Vorstellungen wie wir sie gerne hätten, sondern um solche, die sich aus konkreten Wahrnehmungen ergeben, die sich aufgrund der kontemplativen Beschaulichkeit und dem fortwährenden Abgleich mit der sinnlichen Wahrnehmung immer mehr verfeinern und präzisieren. Das führt im Ergebnis zu einer Erweiterung von Bewusstsein und Wahrnehmungsfähigkeit.

Eine weitere Möglichkeit zu spiritueller Schulung bietet sich durch die Meditation. In der Meditation wird ein zum Beispiel mantrischer Inhalt zum Gegenstand inneren Übens. Ausgehend von der Überzeugung, dass wir nicht nur in einer sinnlich-sichtbaren, sondern zugleich auch in einer geistigen Welt leben, können wir unsere inneren Fähigkeiten dafür trainieren und ausbilden darin wahrnehmend zu werden. Spirituelle Entwicklung durch Meditation ist direkt darauf gerichtet, ein bewusstes und waches Verhältnis zur geistigen Welt auch unabhängig von den sinnlichen Wahrnehmungen der Außenwelt zu begründen, zu vertiefen und aufrecht zu erhalten. Wichtig dafür sind ein klares Denken und daran anschließende, ebenso klare Gefühle.

„Manche Menschen sind geneigt, das Denken zu unterschätzen und das ‚innige Gefühlsleben', die ‚Empfindung', höher zu stellen. Ja man sagt wohl: nicht durch das ‚nüchterne Denken', sondern durch die Wärme des Gefühls, durch die unmittelbare Kraft der Empfindungen erhebe man sich zu den höheren Erkenntnissen. Menschen, die so sprechen, fürchten, durch klares Denken die Gefühle abzustumpfen. Beim alltäglichen Denken, das sich nur auf die Dinge der Nützlichkeit bezieht, ist das sicher der Fall. Aber bei den Gedanken, die in höhere Regionen des Daseins führen, tritt das Umgekehrte ein. Es gibt kein Gefühl und keinen Enthusiasmus, die sich mit den Empfindungen an Wärme, Schönheit und Gehobenheit vergleichen lassen, welche angefacht werden durch die reinen, kristallklaren Gedanken, die sich auf höhere Welten beziehen. Die höchsten Gefühle sind eben nicht diejenigen, die ‚von selbst' sich einstellen, sondern diejenigen, welche in energischer Gedankenarbeit errungen werden."[84]

Für die Meditation ist die Regelmäßigkeit über einen längeren Zeitraum von entscheidender Bedeutung. Einmalige Versenkungen, ein gelegentliches Abtauchen aus den Umtriebigkeiten des Alltags ist noch nicht Meditation im Sinne der Anthroposophie. Ein Musikinstrument lernt man auch nicht spielen, indem man nur gelegentlich übt. Meditationen sollten in regelmäßigen Abständen zu regelmäßigen Zeiten über einen längeren Zeitraum immer wieder geübt werden, damit sie ihre volle Kraft entfalten. Manche Menschen reservieren sich dafür ein, zwei oder sogar drei Zeiten im Verlauf eines Tages, immer morgens (und abends, vielleicht sogar auch noch mittags) für eine gewisse Zeitspanne von fünf bis zehn Minuten zum Beispiel.

Meditationen werden am besten bei geschlossenen Augen und nach einer Beruhigung der Seele durchgeführt. Den Einstieg kann die Übung der Kontemplation bilden. Sich versenken in ausgewählte und bereits geübte Inhalte lässt die Seele bald immer leichter zur Ruhe kommen. Die Kontemplation ist eine Vorbereitung der Meditation. Hier ein Beispiel für eine mantrische Meditation, die von Rudolf Steiner gegeben und erläutert wurde[85]:

Strahlender als die Sonne
Reiner als der Schnee
Feiner als der Äther
Ist das Selbst,
Der Geist in meinem Herzen.
Dies Selbst bin ich,
Ich bin dies Selbst.

Eine dritte Möglichkeit spirituellen Übens ist das Gebet. In der Kontemplation kann die Seele für ein feineres Erleben wie ein Musikinstrument „gestimmt" werden. Meditation führt zu einem Verinnerlichen geeigneter Inhalte. Das Beten kann daran anschließend als ein Sprechen vor und zu Gott verstanden werden.

Auch das Gebet kann regelmäßig getan werden. Aber es ist ein großer Unterschied, ob diese Regelmäßigkeit der Erfüllung einer von außen gegebenen Vorschrift entspricht oder dem freien Entschluss und Bedürfnis. Letzteres kann durch Kontemplation und Meditation in der Seele erwachen und genährt werden. Der Zugang zum Leben mit dem Beten, dass man vollführt, weil man sich danach irgendwann sogar sehnt, kann insofern ein Resultat spirituellen Übens in Kontemplation und Meditation sein.

Aber was soll man beten? Es wird nicht darum gehen, langatmig improvisierend vorzutragen, was einem vielleicht auf der Seele liegt oder was man sich wünscht. Was man denn beten solle, danach haben schon die Menschen im engsten Umkreis Christi gefragt. Und als Antwort lehrte er sie jenes Gebet, dass als das höchste unter Christen gilt und das später „Vaterunser" genannt wurde. Dieses Gebet lautet wie folgt:

Vaterunser
der du bist in den Himmeln
Geheiliget werde dein Name.
Dein Reich komme zu uns.
Dein Wille geschehe,
wie oben in den Himmeln,
also auch auf Erden.
Unser alltägliches Brot
gib uns heute.
Und vergib uns unsere Schulden,
wie wir vergeben
unsern Schuldigern.
Und führe uns nicht in Versuchung,
sondern erlöse uns von dem Bösen.
Denn dein ist das Reich
und die Kraft
und die Herrlichkeit.
Amen.

Übungsaufgaben zu Kapitel 4.3

Welche der nachfolgend aufgeführten Aussagen sind wahr und welche sind falsch? Zu jeder Aussage gibt es zwei Antworten, die Ihre Feststellung unterstützen. Bitte beachten Sie: Sie beginnen Ihre Antwort mit der Feststellung WAHR oder FALSCH. Dann suchen Sie im vorangegangenen Kapitel nach den Formulierungen oder Zahlen, die Ihre Antwort belegen.

1. Das Karma kommt von außen an den Menschen heran. Es betrifft vor allem immer einen konkreten Menschen.

2. Über Generationen hinweg besteht nur was sinnlich sichtbar geworden ist. Das bewusste Verhältnis zur geistigen Welt beruht darum immer auf Erfahrungen der sichtbaren Welt.

4.4 Natur und Kultur
Grundlagen des Landwirtschaftlichen Kurs

Indem es nun um einen Ausblick auf den Landwirtschaftlichen Kurs *gehen soll, nähern wir uns einem besonderen, sehr speziellen Teil im Werk Rudolf Steiners. Überschaut man die in acht Vorträgen und vier Fragenbeantwortungen gegebenen Ausführungen, findet man dort einige zentrale Inhalte der Anthroposophie auf eine überraschend praktische Weise mit den Bedingungen und Anforderungen der Landwirtschaft verknüpft.*

Rudolf Steiner reiste 1924 auf Einladung von Johanna und Carl Graf von Keyserlingk nach Koberwitz bei Breslau. Von verschiedenen Persönlichkeiten war er darum gebeten worden, einen Lehrkurs zu den anthroposophischen Grundlagen der Landwirtschaft zu halten. Wie es schon für einige andere Bereiche (→ 4.1) geschehen war, wünschte man sich nun auch Grundlegendes für die Erneuerung der landwirtschaftlichen Tätigkeit. So kamen zwischen dem 7. und 16. Juni etwa einhundertdreißig Personen zusammen, von denen die meisten landwirtschaftlich tätig waren.

Der Auftakt

Wie wir gesehen haben (→ 1.1 bis 1.4), war das beginnende 20. Jahrhundert eine Zeit markanter Umbrüche. Davon war auch die Landwirtschaft betroffen, insofern mit der immer weiterreichenden Industrialisierung eine Entwicklung einsetzte, die lang überlieferte Strukturen aufzulösen begann und bäuerliche Betriebe dem zunehmend stärkeren Druck der geldbasierten Ökonomie aussetzte, unter dem immer mehr mit immer geringerem Aufwand produziert werden sollte. Weil dadurch ökologische Gesichtspunkte stark in den Hintergrund gedrängt wurden, verloren die Höfe ihre Resilienz und die Qualität der Nahrungsmittel nahm ab. Diese Entwicklung, die mit den entsprechenden Folgen bis heute andauert, war damals schon deutlich wahrnehmbar. Bereits im ersten Vortrag des Kurses kam Rudolf Steiner am Samstag, den 7. Juni 1924 darauf zu sprechen (1,7 ff.): „Gerade die Landwirtschaft ist ja auch in einer gewissen Weise betroffen, in ernstlicher Weise betroffen worden durch das ganze neuzeitliche Geistesleben. Sehen Sie, dieses ganze neuzeitliche Geistesleben hat ja insbesondere in Bezug auf wirtschaftlichen Charakter zerstörerische Formen angenommen, deren zerstörerische Bedeutung von vielen Leuten heute noch kaum geahnt wird."[86] Von dieser Feststellung aus wurden dann in einer ersten Überschau gewisse Aspekte einer Erneuerung der Landwirtschaft beschrieben, indem nicht vordergründig auf die „chemisch-physikalischen Bestandteile" der Landwirtschaft eingegangen wurde, sondern auf dasjenige was „dahinter" wirkt (1,17) und ganzheitlich verstanden werden kann. Dafür ist das Verhältnis der Erde zu den Sternen und Planeten in Betracht zu ziehen, wodurch gleich zu Beginn des Kurses ein wichtiges Merkmal der biologisch-dynamischen Landwirtschaft angesprochen war.

Bevor der *Landwirtschaftliche Kurs* im eigentlichen Sinne begann, sprach Rudolf Steiner an den beiden Folgetagen zu zwei jeweils ausgewählten Zuhörergruppen, die zusammengenommen aber wohl den größten Teil der Kursteilnehmerschaft ausmachte.

Am Pfingstsonntag, den 8. Juni ging es nach einem Spaziergang durch Park und Garten in einem kleinen Kreis von Personen um „Meditationen, die der Bauer für sich und seine Erde machen soll"[87] sowie um geistige Wesenheiten, die sich mit einem landwirtschaftlichen Betrieb verbinden und in ihm wirken.

Am 9. Juni folgte dann noch ein weiterer Vortrag, diesmal vor überwiegend jungen Menschen, in dem Rudolf Steiner über ein neues

Geistesleben sprach. Ein Zeitalter der Finsternis sei vorbei und darum tiefere Einblicke in die Zusammenhänge des Lebens wieder möglich. Das bringt auch ein anderes Menschenbild mit sich, denn „man kann im anderen Menschen den Menschen nicht finden, wenn man ihn nicht auf geistige Weise zu suchen versteht, denn der Mensch ist einmal ein geistiges Wesen, und wenn man dem Menschen nur äußerlich gegenübertritt, so kann man ihn nicht finden, auch wenn er da ist."[88]

Nun war motivisch dreierlei angelegt: 1. Die Landwirtschaft kann erneuert werden, wenn das Verhältnis der Erde zu den Sternen und Planeten beachtet wird. 2. Zum landwirtschaftlichen Betrieb gehört ein spirituelles Leben, das in Meditationen bewusst gepflegt werden kann. 3. Im Wissen von der geistigen Welt kann Erneuerung geschehen, zu der auch ein neues Menschenbild gehört.

Der Kurs

Zwischen dem 10. und 16. Juni 1924 wurden von Rudolf Steiner täglich in den Morgenstunden die insgesamt sieben Vorträge gehalten, die als *Landwirtschaftlicher Kurs* bezeichnet werden. An vier Tagen wurden sie nach einer Frühstückspause durch Fragenbeantwortungen ergänzt. Inhaltlich ergibt sich eine erste Übersicht, wenn man darauf schaut, wie die einzelnen Vorträge begonnen wurden. So treten ansatzweise schon einige der zentralen Motive hervor.

1. Zum Kernbestand der biologisch-dynamischen Landwirtschaft gehört, dass der bäuerliche Betrieb als Hoforganismus verstanden wird. Diese systemische Sichtweise wurde noch erweitert, insofern Rudolf Steiner von einer „Landwirtschaftlichen Individualität" sprach:

   „Nun, eine Landwirtschaft erfüllt eigentlich ihr Wesen im besten Sinne des Wortes, wenn sie aufgefasst werden kann als eine Art

Individualität für sich, eine wirklich in sich geschlossene Individualität. Und jede Landwirtschaft müsste eigentlich sich nähern – ganz kann das nicht erreicht werden, aber sie müsste sich nähern – diesem Zustand, eine in sich geschlossene Individualität zu sein. Das heißt, es sollte die Möglichkeit herbeigeführt werden, alles dasjenige, was man braucht zur Hervorbringung, innerhalb der Landwirtschaft selbst zu haben, wobei zur Landwirtschaft der entsprechende Viehstand selbstverständlich hinzugerechnet werden muss."[89]

2. Kosmische Kräfte wirken in und durch die Stoffe der Erde:

   „Die Kräfte der Erde und des Kosmos, von denen ich Ihnen gesprochen habe, sie wirken ja innerhalb des Landwirtschaftlichen durch die Stoffe der Erde. Und es wird daher nur möglich sein, zu allerlei praktischen Gesichtspunkten in den nächsten Tagen den Übergang zu finden, wenn wir heute uns auch mit der Frage etwas genauer noch beschäftigen: Wie wirken durch die Stoffe der Erde die Kräfte, von denen wir gesprochen haben? Nun werden wir da gewissermaßen einen Exkurs machen müssen in die Tätigkeit der Natur überhaupt."[90]

3. Große Zusammenhänge sind zu betrachten, wenn es darum geht, das Wirken des Geistes in der Natur zu verstehen:

   „Sie haben ja gesehen, es handelt sich bei der Auffindung von geisteswissenschaftlichen Methoden auch für die Landwirtschaft darum, gewissermaßen die Natur und die Wirkung des Geistes in der Natur im Großen anzuschauen, in seinem umfassenden Kreise, während die materialistisch gefärbte Wissenschaft immer mehr und mehr dazu gekommen ist, in die kleinen Kreise, in das Kleine, hineinzugehen. Wenn man es auch bei so etwas wie der Landwirtschaft nicht immer gleich mit dem Allerkleinsten, dem mikroskopisch Kleinen, zu tun hat, womit man es in den anderen Naturwissenschaften so oft zu tun hat, so hat man es doch zu tun mit demjenigen, was in kleinen Kreisen wirkt und aus der Wirkung der kleinen Kreise erschlossen werden kann. Aber die Welt, in der der Mensch und andere Erdenwesen leben, sie ist ja durchaus nicht etwas, was man nur von kleinen Kreisen aus beurteilen kann. So zu verfahren gegenüber dem, was eigentlich in Betracht kommt gerade zum Beispiel bei der Landwirtschaft, wie heute die landläufige Wissenschaft verfährt, würde ebenso sein, wie wenn man die ganze Wesenheit des Menschen erkennen wollte, sagen wir, aus seinem kleinen Finger und aus dem Ohrzipfel, und von da aus sich aufbauen wollte dasjenige, was im Großen und Ganzen in Betracht kommt. Demgegenüber müssen wir stellen wiederum – und das ist heute so notwendig wie nur irgend möglich – eine wirkliche Wissenschaft, die auf die großen Weltzusammenhänge geht."[91]

4. Im Hinblick darauf, „dass das Lebendige auch innerhalb des Lebendigen gehalten werden muss", kann verstanden werden worauf es bei der Düngung ankommt:

   „Dasjenige, was gestern vorgebracht wurde für die Aufbesserung unseres Düngers in den Kuhhörnern, ist natürlich gemeint als eine Aufbesserung der Düngung. Die Düngung bleibt selbstverständlich vorhanden, und wir werden heute davon zu sprechen haben, wie man sich dieser Düngung gegenüber zu verhalten hat, wenn man eben die Anschauung haben muss, dass das Lebendige auch innerhalb des Lebendigen gehalten werden muss. [...] Es ist ja ganz natürlich gekommen, dass im Laufe der neueren Zeit, wo man alle Einsicht verloren hat, auch verlieren musste in die großen Naturzusammenhänge, dass da eben ganz verlorengegangen ist auch diese Einsicht, wie dieses dem Erd- und Pflanzenwachstum gemeinsame Leben sich dann hinein fortsetzt in die Absonderungsprodukte des Lebens, die uns im Dünger vorliegen, und wie die Kräfte dieses alles umfassenden Lebens wirken. Dahinein musste eben auch die Einsicht mehr und mehr verlorengehen."[92]

5. Schädlinge und Krankheiten können durch geisteswissenschaftliche Vorstellungen anders verstanden werden:

   „Wir werden jetzt im weiteren Fortgange unserer Betrachtungen uns auf manches zu stützen haben, was wir in den vorangehenden Tagen an Einsichten in das Pflanzenwachstum, auch in die tierischen Bildungen gehört haben. Es wird sich darum handeln, dass wir nun wenigstens aphoristisch auch einige von den geisteswissenschaftlichen Vorstellungen vor uns vorüberziehen lassen, die zusammenhängen mit den Pflanzen, mit den pflanzlichen, mit den tierischen Schädlingen der Landwirtschaft und mit demjenigen, was man nennt Pflanzenkrankheiten. Nun lassen sich diese Dinge eigentlich nur betrachten ganz im Konkreten. Und deshalb werde ich auch da, wo man im Allgemeinen wenig sagen kann, weil die Dinge spezialisiert werden müssen, zunächst Beispiele anführen, die dann, wenn sie zum Ausgangspunkt von Versuchen genommen werden, ja auch zu weiterem führen können. Zunächst möchte ich ausgehen von dem Unkrautwesen oder wie man das so nennt, ich möchte diese Pflanzenschädlinge einmal betrachten."[93]

6. Alle in der Natur vorkommenden Wesen existieren in einer Wechselwirkung, in der sie miteinander verbunden sind:

   „Ich werde Sie bitten, heute zu versuchen, die Dinge zu verfolgen mit mir, die etwas, ich möchte sagen, abgelegener sind, weil sie, trotzdem sie ganz geläufig waren einmal einer mehr instinktiven landwirtschaftlichen Einsicht, heute geradezu wie vollständig unbekanntes Land dastehen. Die in der Natur vorkommenden Wesenheiten, Mineralien, Pflanzen, Tiere – wir wollen jetzt vom Menschen absehen –, die in der Natur vorkommenden Wesen, sie werden ja sehr, sehr häufig bloß so betrachtet, als ob sie allein dastünden. Man ist heute gewohnt, eine Pflanze für sich anzuschauen sogar, und dann, von dieser ausgehend, eine Pflanzenart zu betrachten für sich, eine andere Pflanzenart daneben wiederum für sich. Man ordnet das so hübsch in Schachteln, in Arten und Gattungen gegliedert, ein, in dasjenige, was dann eben von den Dingen gewusst werden soll. Aber so ist es ja nicht in der Natur. In der Natur, im Weltenwesen überhaupt steht alles in Wechselwirkung miteinander. Es wirkt immer das eine auf das andere."[94]

7. Bestimmte Maßnahmen können aufgrund geisteswissenschaftlicher Einsichten individualisiert werden:

   „Es wird sich heute aber gerade um solches Praktische handeln, das in einer außerordentlich schwierigen Weise allgemein in Formeln und dergleichen gegeben werden kann, das vielmehr in einem ganz ausgiebigen Maße der Individualisierung und der persönlichen Behandlung unterliegt. Und gerade aus diesem Grunde wird es notwendig sein, dass man auf diesem Gebiete besonders die geisteswissenschaftlichen Einsichten schafft, Einsichten, die dann in verständiger Weise eben zur Individualisierung in den Maßnahmen führen können."[95]

Die Landwirtschaft als Organismus

Insofern man nachvollziehen kann, dass und wie in der Natur alles Lebendige miteinander verbunden ist und aufeinander wirkt, erweitert sich ebenfalls der Blick auf den landwirtschaftlichen Betrieb. Auch für ihn gilt, dass er nicht nur von seiner Außenseite zu verstehen ist, sondern darüber hinaus Bereiche und Aspekte zu berücksichtigen sind, die nahelegen, dass es ein Organismus mit Leib, Seele, Geist und Individualität ist. Bereits am Beginn der Einleitung zum Kurs wurde angedeutet, wie das gemeint ist. Nachdem Rudolf Steiner sich beim Grafen Keyserlingk für die Einladung auf dessen Gut in Koberwitz, das er als „musterhaft betriebene Landwirtschaft" bezeichnete, bedankt hatte, sagte er folgendes: „Zu allem, was auf anthroposophischem Felde zutage tritt, gehört ja das, dass man auch sozusagen in der nötigen Empfindungsumgebung drinnen stecken kann. Und das wird für die Landwirtschaft ganz sicher hier der Fall sein können." (1,3) Am Ende des Kurses kam Rudolf Steiner auf diesen Aspekt zurück:

„Es ist wirklich solch eine Landwirtschaft ein Organismus. Da entwickelt er sein Astralisches oben, und das Vorhandensein von Obst und Wald entwickelt das Astralische. Wenn von dem, was dann über der Erde ist, die Tiere richtig fressen, dann entwickeln sie in demjenigen, was von ihnen als Dünger kommt, die richtigen Ich-Kräfte, die wiederum aus der Wurzel heraus die Pflanzen in der richtigen Weise in der Richtung der Schwerkraft wachsen lassen. Es ist eine wunderbare Wechselwirkung. Aber diese Wechselwirkung muss man vorschreitend verstehen. Nun sehen Sie, dadurch, dass das so ist, ist eine Landwirtschaft eine Art Individualität."[96]

Übungsaufgabe zu Kapitel 4.4

Versuchen Sie bitte mit eigenen Worten wiederzugeben, was in diesem Kapitel zu den grundlegenden Prinzipien der biologisch-dynamischen Landwirtschaft gesagt wurde.

ANHANG

Lösungen zu den Übungsaufgaben

Übungsaufgaben zu Kapitel 1.1

1. Im Landwirtschaftlichen Kurs zitiert Rudolf Steiner im siebten Vortrag (7,40) einen Satz von Johann Wolfgang von Goethe. Wie lautet das Zitat und was ist damit gemeint?
> *In der Natur lebt alles durch Geben und Nehmen. Damit ist das Atmen gemeint.*

2. Inwiefern spielen medizinische Erkenntnisse im Landwirtschaftlichen Kurs eine Rolle? Bitte nennen Sie zwei Beispiele dafür.
> *Das Wesen der Krankheit und die Chronobiologie tierischen und menschlichen Lebens.*

3. Was ist mit der „technologischen Singularität" gemeint?
> *Der Zeitpunkt, an dem die künstliche Intelligenz die Intelligenz des Menschen übertrifft.*

Übungsaufgaben zu Kapitel 1.2

Anfang des 20 Jahrhunderts wurde durch einen russischen Wissenschaftler die Biogeochemie begründet. Sie erforscht eine Eigenschaft, die die Erde zu einem lebendigen Organismus macht.
> *WAHR: Wladimir Iwanowitsch Wernadski | homöostatisches System*

Der Mensch hat keinen Einfluss auf die Weiterentwicklung der Biosphäre. Teilhard de Chardin sah keinen Zusammenhang zwischen dem Leben der Erde und dem menschlichen Bewusstsein.
> *FALSCH: zur Noosphäre gewandelt | höchste Entfaltung des Lebens*

Übungsaufgaben zu Kapitel 1.3

Warum ist die Bezeichnung „Homo sapiens" für den Menschen passend?
> *Wir Menschen können uns nämlich ohne äußeren Anlass willkürlich erinnern und ebenso Vorstellungen von einer Zukunft entwickeln, die noch ganz anders ist als die Gegenwart.*

Warum spricht man inzwischen vom „Zeitalter des Menschen"?
> *Manche der durch den Menschen ausgelösten Veränderungen nicht mehr umkehrbar.*

Was entdeckte Xavier Bichat Anfang des 19. Jahrhunderts?
> *Der Menschen ist nicht nur ein leibliches Wesen, sondern auch ein geistiges, das für einen bestimmten Zeitraum mit der leiblichen Existenz eines Menschen verbunden ist.*

Was wird als „Bauernbefreiung" bezeichnet, die sich im 19. Jahrhundert ereignete?
> *Es wurde möglich, dass Landwirte den eigenen Betrieb in ganzer Freiheit führen.*

Was ist eine „chaordische" Organisation?
> Eine Gemeinschaft von zusammenarbeitenden Menschen, die wie ein Organismus verstanden wird.

Übungsaufgaben zu Kapitel 1.4

In diesem Kapitel ging es um die drei Begriffe Ökologie, Ökonomie und Ökosophie. Versuchen Sie anhand des Textes mit eigenen Worten zu erklären, was jeweils gemeint ist.

> Ökologie: *Die gesamte Wissenschaft von den Beziehungen eines Organismus zur umgebenden Außenwelt. Entwicklung treibenden Kräfte wirken zusammen.*

> Ökonomie: *Produktion, Vorratshaltung und Sesshaftigkeit. Durch Monetarisierung entfernte man sich von der natürlichen Ordnung und entwickelte eine spekulative Finanzwirtschaft. Demgegenüber gab es immer wieder Ideen zur Entwicklung einer ökologischen Ökonomie.*

> Ökosophie: *Ein holistisches Welterleben begründet eine besondere Spiritualität. Natur und Leben für sich genommen vermitteln die besten Erkenntnisse. Daraus können im Einklang mit der Natur alternative Lebensformen hervorgehen.*

Übungsaufgaben zu Kapitel 2.2

1. Warum meinte Rudolf Steiner im Buch *Theosophie*, dass es schwierig sei, über die geistige Welt Mitteilungen zu machen?

> *Die Menschen verfügen noch nicht über die Sinneswerkzeuge zum Wahrnehmen der geistigen Welt.*

2. Welche Erscheinungen der irdischen Welt können als Übergang zur geistigen Welt verstanden werden?

> *Die klare Form eines Kristalls, Farbe und Duft einer Blüte oder der Ton einer schwingenden Saite.*

3. Inwiefern können Kosmogonie und Biologie als Ausdruck des alles durchdringenden Lebens verstanden werden?

> *Alles befindet sich in einem Vorgang dauernder Wandlung, in dem sich Entwicklung ereignet.*

Übungsaufgabe zu Kapitel 2.3

In diesem Kapitel ging es um die Dreigliederung. Versuchen Sie anhand des Textes mit eigenen Worten zu erklären, was damit gemeint ist.

> *Der Mensch ist mehr als Knochen, Fleisch und Blut. So sind uns Aspekte des Menschseins bekannt und vertraut, die wir als seelisches und geistiges Leben bezeichnen. Wir verbinden sie in erster Linie mit dem Gefühls- und Empfindungsleben oder dem Erkennen „ewiger" Wahrheiten.*

> *Nicht nur die seelischen oder geistigen Funktionen des menschlichen Bewusstseins können als solche erkannt werden, sondern auch die Seele und der Geist als für sich bestehender Teil des menschlichen Wesens.*

> *Die leibliche Wesenheit, im Sinne der Dreigliederung verstanden, umfasst demnach den physischen, ätherischen und astralischen Leib.*

> *Der kosmischen Dreiheit Makro-, Meso- und Mikrokosmos entspricht eine auf den Menschen bezogene Dreiheit, die als Trichotomie bezeichnet wird, womit Leib, Seele und Geist gemeint sind.*

Übungsaufgaben zu Kapitel 2.4

Kunst und übersinnliches Erkennen sind sich sehr ähnlich. Religiöses Leben kann in der Verbundenheit mit der Natur und der ganzen Mitwelt gepflegt werden kann.
> *WAHR: intuitives Wissen | Offenbarung ist vom eigenen Dasein unabhängig.*

Aus anthroposophischer Sicht sind Wissenschaft, Kunst und Religion voneinander zu trennen. Das menschliche Denken ist von der Welt separiert.
> *FALSCH: eingetretene Trennung der drei Bereiche überwinden | mit der ganzen Mitwelt verbunden*

Übungsaufgaben zu Kapitel 3.1

1. Welches ist das zentrale Anliegen in Rudolf Steiners Erkenntnistheorie?
> *Mit seinen Ausführungen zur Erkenntnistheorie lenkte Rudolf Steiner die Aufmerksamkeit auf die besondere Fähigkeit des Menschen, sich ein lebendiges Vorstellungsbild von jenen Prozessen zu machen, die allen Erscheinungen des Lebens zugrunde liegen.*

2. Zu welchem Ergebnis führt der Erkenntnisprozess?
> *Die Welt ist uns als Zweiheit (dualistisch) gegeben, und das Erkennen verarbeitet sie zur Einheit (monistisch).*

3. Worin unterscheidet sich der anthroposophische Schulungsweg von anderen Schulungswegen?
> *Während in manchen anderen Zusammenhängen das enge Verhältnis von Schüler:innen zu einem Meister eine wesentliche Rolle spielt, beruht der anthroposophische Schulungsweg auf der freien, individualisierten Arbeit des Menschen an sich selbst.*

Übungsaufgabe zu Kapitel 3.2

Versuchen Sie bitte mit eigenen Worten wiederzugeben, was in diesem Kapitel zum Wahrnehmen von Lebensprozessen gesagt wurde.

> *Es gehört zu den Besonderheiten des menschlichen Bewusstseins, dass es ihm möglich ist, in der Handhabung der ätherischen Kräfte Vorstellungsbilder schaffen zu können. In dieser Hinsicht nimmt der Mensch innerlich an einem Weltprozess teil, der sich sonst außer ihm vollzieht. Dieses ist der Dreh- und Angelpunkt der goetheanistischen Erkenntnistheorie der Anthroposophie.*

> *Die Jahreszeiten können als Atmungsprozess der Erde verstanden werden. Der Hoforganismus wird zu einem Erkenntnisorgan. Was in der Umgebung geschieht, wird innerlich nachvollzogen und mit den entsprechenden Empfindungen begleitet.*
> *Die Wolkenbildung, die sich in den Vorgängen von Kondensation und Resublimation, also in einem Prozess der Anlagerung von Wassertröpfchen um einen Kondensationskern ereignet, entspricht in gewisser Weise dem Keimen und Wachsen einer Pflanze aus einem Vegetationspunkt.*
> *Sonne, Mond, aber auch die anderen Planeten üben mit ihren Rhythmen und Kräften, einen gravierenden Einfluss auf das irdische Leben aus. Der ganze Kosmos wird als ebenso lebendig verstanden wie auch die Erde und der Leib eines einzelnen Lebewesens.*

Übungsaufgaben zu Kapitel 3.3

Welche der nachfolgend aufgeführten Aussagen sind wahr und welche sind falsch? Zu jeder Aussage gibt es zwei Antworten, die Ihre Feststellung unterstützen. Suchen Sie im vorangegangenen Kapitel nach den Formulierungen oder Zahlen, die Ihre Antwort belegen.

Embryogenese und der Sterbeprozess ereignen sich in Etappen. Das Menschenbild der Anthroposophie ist enzephalozentrisch.
> *WAHR: drei Etappen des Geburts- und des Sterbeprozesses | Bedeutung des Gehirns herausgestellt*

Leib und Seele sind mit dem Ich verbunden. Alle Seelentätigkeiten hängen damit zusammen.
> *WAHR: Träger des Ich | in irgendeiner Weise verknüpft*

Übungsaufgaben zu Kapitel 3.4

1. Was ist mit dem Begriff „Anthropozän" gemeint?
> *Gemeint ist ein neues Zeitalter, in dem von den durch Menschen geschaffenen Dingen und Verhältnissen Einflüsse ausgehen, die das gesamte Lebensgefüge der Welt verändern, in einzelnen Fällen sogar unumkehrbar.*

2. Was bezeichnet Rudolf Steiner als die vierte und höchste Stufe des individuellen Lebens?
> *Die höchste Stufe des individuellen Lebens ist das begriffliche Denken ohne Rücksicht auf einen bestimmten Wahrnehmungsgehalt.*

3. Was ist das Besondere der im Denken erkannten Wahrheiten?
> *Was durch das Denken als Wahrheit erkannt wird, hat eine selbständige Bedeutung, die sich auf die Dinge der Welt bezieht, nicht bloß auf die eigene Seele.*

Übungsaufgaben zu Kapitel 4.2

1. Wodurch vermag es der Mensch – im Unterschied zu allen anderen Lebewesen – aus individuellen Impulsen willkürlich zu handeln?
> *Diesen Grad der Freiheit verdankt er der Tatsache, dass ihm sein Ich voll bewusst sein kann.*

2. Wie kann man eine Ahnung vom Wirken der Engel entwickeln?
> *Wir können über die Erfahrung der in der natürlichen Welt wirkenden Absichten jene, die menschlichen Möglichkeiten überragende Weisheit der Engel ansatzweise erleben.*

3. Was bezeichnete Rudolf Steiner als die Aufgabe der Erde?
> *Die Aufgabe unserer Erde ist, dem Menschen, wie wir ihn heute Mensch nennen, eben sein Menschendasein möglich zu machen.*

Übungsaufgaben zu Kapitel 4.3

Das Karma kommt von außen an den Menschen heran. Es betrifft vor allem immer einen konkreten Menschen.
> *FALSCH: der Mensch trägt es im Ätherleib | niemals nur die einzelne Person*

Über Generationen hinweg besteht nur was sinnlich sichtbar geworden ist. Das bewusste Verhältnis zur geistigen Welt beruht darum immer auf Erfahrungen der sichtbaren Welt.
> *FALSCH: auch ätherische Kräfte | unabhängig von den sinnlichen Wahrnehmungen*

Übungsaufgabe zu Kapitel 4.4

Versuchen Sie bitte mit eigenen Worten wiederzugeben, was in diesem Kapitel zu den grundlegenden Prinzipien der biologisch-dynamischen Landwirtschaft gesagt wurde.
> *1. Die Landwirtschaft kann erneuert werden, wenn das Verhältnis der Erde zu den Sternen und Planeten beachtet wird. 2. Zum landwirtschaftlichen Betrieb gehört ein spirituelles Leben, das in Meditationen bewusst gepflegt werden kann. 3. Im Wissen*

von der geistigen Welt kann Erneuerung geschehen, zu der auch ein neues Menschenbild gehört.

> *Der bäuerliche Betrieb wird als Hoforganismus verstanden. Auch für ihn gilt, dass er nicht nur von seiner Außenseite zu verstehen ist, sondern darüber hinaus Bereiche und Aspekte zu berücksichtigen sind, die nahelegen, dass der Betrieb ein Organismus mit Leib, Seele, Geist und Individualität ist.*

Anmerkungen, Nachweis der Zitate

1. Frisch, Max: *Santa Cruz. Eine Romanze,* in: *Gesammelte Werke, Band III,* Frankfurt 1976, S. 43
2. Wernadski, Wladimir Iwanowitsch, in: Levit, George S. „*Looking at Russian Ecology Through the Biosphere Theory*", Berlin 2011, S. 7
3. Wernadski, Wladimir Iwanowitsch, in: Levit, George S. „*BIOGEOCHEMISTRY – BIOSPHERE – NOOSPHERE The Growth of the Theoretical System of Vladimir Ivanovich Vernadsky*", Berlin 2001, S. 96
4. Teilhard de Chardin, Pierre: *Der Mensch im Kosmos*, München 2018, S. 23
5. ebd., S. 225
6. Lovelock, James: *Gaia – Die Erde ist ein Lebewesen.* 2. Auflage, Scherz, Bern, München, Wien 1992. S. 32
7. Darwin, Charles: *On the origin of species by means of natural selection, or the preservation of favoured races in the struggle for life,* London 1859
8. Haeckel, Ernst: *Generelle Morphologie der Organismen. Allgemeine Grundzüge der organischen Formen-Wissenschaft, mechanisch begründet durch die von Charles Darwin reformirte Descendenz-Theorie.* Band 2, Berlin 1866, S. 286
9. Meadows, Dennis et al.: *Die Grenzen des Wachstums*, Stuttgart, 1987
10. Næss, Arne: *Shallow and the Deep;* in der Zeitschrift „Inquiry": Oslo 1972
11. Meyer-Abich, Klaus Michael: *Aufstand für die Natur*, München und Wien 1990, S. 54
12. ebd., S. 45
13. Holmgren, David: *Permakultur: Gestaltungsprinzipien für zukunftsfähige Lebensweisen*, Klein Jasedow 2013
14. Emerson, Ralph Waldo: *Natur*, Schaffhausen 1981, S. 37
15. ebd., S. 32 f.
16. Thoreau, Henry David: *Walden – Ein Leben mit der Natur*, München 1999, S. 187
17. Lietaer, Bernard: *Das Geld der Zukunft*, München 2002, S. 391
18. Zeylmans van Emmichoven, Frederik Willem: *Rudolf Steiner*, Stuttgart 1961, S. 19
19. Steiner, Rudolf: *Mein Lebensgang*, Dornach 2009, S. 21
20. Zeylmans van Emmichoven, Frederik Willem: *Rudolf Steiner*, Stuttgart 1961, S. 22
21. Steiner, Rudolf: *Mein Lebensgang*, Dornach 2009, S. 59
22. ebd., S. 60

23. ebd., S. 69 f.
24. Zeylmans van Emmichoven, Frederik Willem: *Rudolf Steiner*, Stuttgart 1961, S. 212 f.
25. Brüll, Dieter: *Der anthroposophische Sozialimpuls*, Schaffhausen 1984, S. 271
26. Zeylmans van Emmichoven, Frederik Willem: *Rudolf Steiner*, Stuttgart 1961, S. 12 f.
27. Belyi, Andrej: *Verwandeln des Lebens*, Basel 1975, S. 164 f.
28. Biesanz, Hagen; Klingborg, Arne: *Das Goetheanum - Der Bauimpuls Rudolf Steiners*, Dornach o.J., S. 24 f.
29. Steiner, Rudolf: *Theosophie - Einführung in übersinnliche Welterkenntnis und Menschenbestimmung*, Dornach 1973, S. 17
30. Emerson, Ralph Waldo: *Natur*, Schaffhausen 1981, S. 34 f.
31. Steiner, Rudolf: *Theosophie - Einführung in übersinnliche Welterkenntnis und Menschenbestimmung*, Dornach 1973, S. 17 f.
32. Steiner, Rudolf: *Wie erlangt man Erkenntnisse der höheren Welten*, Dornach 1981, S. 150 f.
33. Steiner, Rudolf: *Die Stufen der höheren Erkenntnis*, Dornach 1959, S. 74
34. Steiner, Rudolf: *Der Jahreskreislauf als Atmungsvorgang der Erde und die vier großen Festeszeiten*, Dornach 1990, S. 11
35. ebd., S. 12
36. Steiner, Rudolf: *Theosophie - Einführung in übersinnliche Welterkenntnis und Menschenbestimmung*, Dornach 1973, S. 44 f.
37. ebd., S. 36
38. Steiner, Rudolf: *Anthroposophische Menschenerkenntnis und Medizin*, Dornach 1994, S. 166
39. Steiner, Rudolf: *Die Ergänzung heutiger Wissenschaften durch Anthroposophie*, Dornach 1987, S. 113
40. Steiner, Rudolf: *Grundlinien einer Erkenntnistheorie der goetheschen Weltanschauung*, Dornach 2003, S. 62 f.
41. Steiner, Rudolf: *Die Ergänzung heutiger Wissenschaften durch Anthroposophie*, Dornach 1987, S. 133 f.
42. Steiner, Rudolf: *Kunst und Kunsterkenntnis*, Dornach 1985, S. 172 f.
43. Steiner, Rudolf: *Theosophie - Einführung in übersinnliche Welterkenntnis und Menschenbestimmung*, Dornach 1973, S. 26 f.
44. Steiner, Rudolf: *Mein Lebensgang*, Dornach 1962, S. 116 f.
45. Steiner, Rudolf: *Die Philosophie der Freiheit*, Dornach 2010, S. 85
46. Steiner, Rudolf: *Wie erlangt man Erkenntnisse der höheren Welten?*, Dornach 1981, S. 13
47. ebd., S. 157
48. Steiner, Rudolf: *Gesammelte Aufsätze zur Kulturgeschichte 1887–1901*, Dornach 1966, S. 147)

49. Steiner, Rudolf: *Geisteswissenschaft und soziale Frage*, Dornach 1960, S. 191
50. *1. Buch Mose, Verse 1 – 5*
51. Wachsmuth, Guenther: *Erde und Mensch*, Dornach 1980, S. 128
52. Steiner, Rudolf: *Metamorphosen des Seelenlebens – Pfade der Seelenerlebnisse*, Dornach 1984, S. 305 f.
53. Steiner, Rudolf: *Geistige Hierarchien und ihre Widerspiegelung in der physischen Welt*, Dornach 1972, S. 45
54. Fichte, Johann Gottlieb: *Werke – Zur theoretischen Philosophie I.*, Berlin 1971, S. 96
55. Steiner, Rudolf: *Theosophie – Einführung in übersinnliche Welterkenntnis und Menschenbestimmung*, Dornach 1973, S. 48 f.
56. Steiner, Rudolf: *Erfahrungen des Übersinnlichen*, Dornach 1974, S. 49
57. Steiner, Rudolf: *Vom Wesen des wirkenden Wortes*, Dornach 1994, S. 37
58. Steiner, Rudolf: *Anthroposophie*, Dornach 2009, S. 22 f.
59. Steiner, Rudolf: *Die Theosophie des Rosenkreuzers*, Dornach 1962, S. 49
60. Steiner, Rudolf: *Vorträge über christlich-religiöses Wirken, Band II*, Dornach 1993, 9. Vortrag
61. Steiner, Rudolf und Wegman, Ita: *Grundlegendes zur Erweiterung der Heilkunst*, Dornach 1984, S. 43f.)
62. Steiner, Rudolf: *Initiationserkenntnis*, Dornach 2000, S. 214
63. Steiner, Rudolf: *Meditative Betrachtungen und Anleitungen zur Vertiefung der Heilkunst*, Dornach 2009, S. 60 f.
64. Steiner, Rudolf: *Das Prinzip der spirituellen Ökonomie im Zusammenhang mit Wiederverkörperungsfragen*, Dornach 2000, S. 201 f.
65. Steiner, Rudolf: *Die Verbindung zwischen Lebenden und Toten*, Dornach 1995, S. 13f.
66. Steiner, Rudolf: *Die Philosophie der Freiheit*, Dornach 2010, S. 108 f.
67. Steiner, Rudolf: *Theosophie – Einführung in übersinnliche Welterkenntnis und Menschenbestimmung*, Dornach 1973, S. 44 ff.
68. ebd., S. 18 f.
69. Steiner, Rudolf: *Die spirituellen Hintergründe der äußeren Welt*, Dornach 1977
70. Jo 18,36: die Antwort Christi auf die erste von drei durch Pontius Pilatus an ihn gerichteten Fragen
71. Steiner, Rudolf: *Die spirituellen Hintergründe der äußeren Welt*, Dornach 1977, S. 41
72. ebd., S. 80
73. ebd., S. 102
74. ebd., S. 106 f: Hinweis auf Louis Claude de Saint-Martin und auf die Bedeutung von „spirituell-lebendigen Gedanken“.
75. ebd., S. 107
76. Steiner, Rudolf: *Die spirituellen Hintergründe der äußeren Welt*, Dornach 1977, S. 79 f.

77. Steiner, Rudolf: *Theosophie – Einführung in übersinnliche Welterkenntnis und Menschenbestimmung*, Dornach 1973, S. 13 f.
78. Steiner, Rudolf: *Theosophie – Einführung in übersinnliche Welterkenntnis und Menschenbestimmung*, Dornach 1973, S. 146 ff.
79. Beginnend mit den Schutzengeln, den Angeloi, folgen die Erzengel (Archangeloi), Urkräfte (Archai), Exusiai, Dynamis, Kyriotetes, Throne, Cherubim und Seraphim.
80. Steiner, Rudolf: *Geistige Hierarchien und ihre Widerspiegelung in der physischen Welt*, Dornach 1972, S. 45 f.
81. Steiner, Rudolf: *Vorträge und Kurse über christlich-religiöses Wirken, Band I*, Dornach 1993, S. 26 f.
82. Steiner, Rudolf: *Wiederverkörperung und Karma und ihre Bedeutung für die Kultur der Gegenwart*, Dornach 1990, S. 88
83. Krause, Peter: *Sieben Generationen*, Saarbrücken 2022
84. Steiner, Rudolf: *Theosophie – Einführung in übersinnliche Welterkenntnis und Menschenbestimmung*, Dornach 1973, S. 34
85. Steiner, Rudolf: *Anweisungen für eine esoterische Schulung*, Dornach 1976, S. 85 ff.
86. Steiner, Rudolf: *Landwirtschaftlicher Kurs*, Dornach 2022, S. 27 f.
87. Keyserlingk, Adalbert Graf von (Hg.): *Koberwitz 1924 – Geburtsstunde einer neuen Landwirtschaft*, Stuttgart 1974, S. 62
88. Steiner, Rudolf: *Die Erkenntnisaufgabe der Jugend*, Dornach 1981, S. 148
89. Steiner, Rudolf: *Landwirtschaftlicher Kurs*, Dornach 2022, S. 32
90. ebd., S. 51
91. ebd., S. 72
92. ebd., S. 106
93. ebd., S. 140
94. ebd., S. 168
95. ebd., S. 184
96. ebd., S. 190

Literaturverzeichnis

Belyi, Andrej: *Verwandeln des Lebens*, Basel 1975

Biesanz, Hagen; Klingborg, Arne: *Das Goetheanum - Der Bauimpuls Rudolf Steiners*, Dornach o.J.

Brüll, Dieter: *Der anthroposophische Sozialimpuls*, Schaffhausen 1984

Darwin, Charles: *On the origin of species by means of natural selection, or the preservation of favoured races in the struggle for life*, London 1859

Emerson, Ralph Waldo: *Natur*, Schaffhausen 1981

Fichte, Johann Gottlieb: *Werke - Zur theoretischen Philosophie I.*, Berlin 1971

Frisch, Max: *Santa Cruz. Eine Romanze, in: Gesammelte Werke, Band III,* Frankfurt 1976

Holmgren, David: *Permakultur: Gestaltungsprinzipien für zukunftsfähige Lebensweisen*, Klein Jasedow 2013

Keyserlingk, Adalbert Graf von (Hg.): *Koberwitz 1924 - Geburtsstunde einer neuen Landwirtschaft*, Stuttgart 1974

Krause, Peter: *Sieben Generationen*, Saarbrücken 2022

Levit, George S.: *BIOGEOCHEMISTRY — BIOSPHERE — NOOSPHERE The Growth of the Theoretical System of Vladimir Ivanovich Vernadsky*, Berlin 2001

Levit, George S.: *Looking at Russian Ecology Through the Biosphere Theory*, Berlin 2011

Lietaer, Bernard: *Das Geld der Zukunft*, München 2002

Lovelock, James: *Gaia - Die Erde ist ein Lebewesen*, Bern, München, Wien 1992

Meadows, Dennis et al.: *Die Grenzen des Wachstums*, Stuttgart, 1987

Meyer-Abich, Klaus Michael: *Aufstand für die Natur*, München und Wien 1990

Meyer-Abich, Klaus Michael: *Wege zum Frieden mit der Natur*, München und Wien 1984

Næss, Arne: *Shallow and the Deep*; in der Zeitschrift „Inquiry": Oslo 1972

Steiner, Rudolf: *Anthroposophie*, Dornach 2009

Steiner, Rudolf: *Anthroposophische Menschenerkenntnis und Medizin*, Dornach 1994

Steiner, Rudolf: *Anweisungen für eine esoterische Schulung*, Dornach 1976

Steiner, Rudolf: *Das Prinzip der spirituellen Ökonomie im Zusammenhang mit Wiederverkörperungsfragen*, Dornach 2000

Steiner, Rudolf: *Der Jahreskreislauf als Atmungsvorgang der Erde und die vier großen Festeszeiten*, Dornach 1990

Steiner, Rudolf: *Die Ergänzung heutiger Wissenschaften durch Anthroposophie*, Dornach 1987
Steiner, Rudolf: *Die Erkenntnisaufgabe der Jugend*, Dornach 1981
Steiner, Rudolf: *Die Geheimnisse der biblischen Schöpfungsgeschichte*, Dornach 2010
Steiner, Rudolf: *Die Geheimwissenschaft im Umriss*, Dornach 1962
Steiner, Rudolf: *Die Philosophie der Freiheit*, Dornach 2010
Steiner, Rudolf: *Die soziale Grundforderung unserer Zeit – In geänderter Zeitlage*, Dornach 1990
Steiner, Rudolf: *Die spirituellen Hintergründe der äußeren Welt*, Dornach 1977
Steiner, Rudolf: *Die Stufen der höheren Erkenntnis*, Dornach 1959
Steiner, Rudolf: *Die Theosophie des Rosenkreuzers*, Dornach 1962
Rudolf Steiner: *Die Verbindung zwischen Lebenden und Toten*, Dornach 1995
Steiner, Rudolf: *Erfahrungen des Übersinnlichen*, Dornach 1974
Steiner, Rudolf: *Esoterische Betrachtungen karmischer Zusammenhänge*, Band 1, Dornach 1975
Steiner, Rudolf: *Esoterische Unterweisungen für die Erste Klasse*, Band 3, Dornach 1977
Steiner, Rudolf: *Geisteswissenschaft und soziale Frage*, Dornach 1960
Steiner, Rudolf: *Geistige Hierarchien und ihre Widerspiegelung in der physischen Welt*, Dornach 1972
Steiner, Rudolf: *Gesammelte Aufsätze zur Kulturgeschichte 1887–1901*, Dornach 1966
Steiner, Rudolf und Wegman, Ita: *Grundlegendes zur Erweiterung der Heilkunst*, Dornach 1984
Steiner, Rudolf: *Grundlinien einer Erkenntnistheorie der goetheschen Weltanschauung*, Dornach 2003
Steiner, Rudolf: *Initiationserkenntnis*, Dornach 2000
Steiner, Rudolf: *Kunst und Kunsterkenntnis*, Dornach 1985
Steiner, Rudolf: *Landwirtschaftlicher Kurs*, Dornach 2022
Steiner, Rudolf: *Meditative Betrachtungen und Anleitungen zur Vertiefung der Heilkunst*, Dornach 2009
Steiner, Rudolf: *Mein Lebensgang*, Dornach 2009
Steiner, Rudolf: *Metamorphosen des Seelenlebens – Pfade der Seelenerlebnisse*, Dornach 1984
Steiner, Rudolf: *Theosophie – Einführung in übersinnliche Welterkenntnis und Menschenbestimmung*, Dornach 1973
Steiner, Rudolf: *Vom Wesen des wirkenden Wortes*, Dornach 1994
Steiner, Rudolf: *Vorträge und Kurse über christlich-religiöses Wirken, Band I*, Dornach 1993
Steiner, Rudolf: *Vorträge über christlich-religöses Wirken, Band II*, Dornach 1993
Steiner, Rudolf: *Wiederverkörperung und Karma und ihre Bedeutung für die Kultur der Gegenwart*, Dornach 1990
Steiner, Rudolf: *Wie erlangt man Erkenntnisse der höheren Welten?*, Dornach 1981

Panikkar, Raimon: *Rückkehr zum Mythos*, Frankfurt am Main und Leipzig 1992
Teilhard de Chardin, Pierre: *Der Mensch im Kosmos,* München 2018
Thoreau, Henry David: *Walden – Ein Leben mit der Natur*, München 1999
Wachsmuth, Guenther: *Erde und Mensch*, Dornach 1980
Zeylmans van Emmichoven, Frederik Willem: *Rudolf Steiner*, Stuttgart 1961

Ausgewählte Stichworte zum Landwirtschaftlichen Kurs

(Gemäß Ausgabe 2022. F = Fragenbeantwortung; B = mündlicher Bericht. Erste Ziffer = Vortrag bzw. Fragenbeantwortung. Zweite Ziffer = Absatz.). Siehe zur Absatznummerierung im Kapitel „Vorab“.

Der Autor

Peter Krause (*1957) studierte Kunst, Pädagogik, Theologie (1976–1980, 1988–1989) und Betriebswirtschaft (1997–1999). Heute arbeitet er als freier Journalist und Buchautor. Themenschwerpunkte sind Medizin, Ökonomie und das Schreiben von Biografien. Er ist autorisierter Biograf von Declan und Margrit Kennedy sowie von Bernard Lietaer. Er gehörte zu den Gründern der „Steinschleuder – Bewegung zur Bewegung“ die als Initiative für Entwicklungszusammenarbeit zwischen 1992 und 2016 weltweit Projekte betreute.

Neben den beruflichen Interessen an ökologisch sinnvollen Wirtschafts- und Geldformen, interessiert Krause sich besonders für Formen sinnerfüllten Naturerlebens. Beides – eine vernünftige Ökonomie und die mitweltliche Ökologie – gehören für ihn zusammen.

Website: www.aktiv-zukunft-leben.de

Der Fernkurs *Anthroposophische Grundlagen der Biologisch-Dynamischen Landwirtschaft*

Die weithin bekannte Demeter-Marke steht für hervorragende Qualität und Richtlinien, die aufgrund einhundertjähriger Praxis, Forschung und Erfahrung entwickelt und fortlaufend optimiert wurden. Viele Betriebe zur Erzeugung und Verarbeitung beliefern ausgewählte Handelspartner:innen im wachsenden Marktsegment für Bio-Lebensmittel. Aber was genau sind die Grundlagen der biologisch-dynamischen Wirtschaftsweise?

Unter den heutzutage bekannten verschiedenen Methoden der ökologischen Landwirtschaft ist die älteste die biologisch-dynamische. Von ihren vor einhundert Jahren im *Landwirtschaftlichen Kurs* vorgestellten Prinzipien finden sich mittlerweile viele in den Leitlinien verschiedener Bio-Verbände. Aber es gibt auch manches, was nach wie vor zum originellen Kernbestand gehört. So ist das zugrundeliegende Welt- und Menschenbild weiter gefasst, insofern kosmische Rhythmen in der landwirtschaftlichen Praxis berücksichtigt werden und die Rolle des Menschen im ganzheitlich verstandenen Zusammenhang der Natur besonders konnotiert wird. Auch solche Besonderheiten der biologisch-dynamischen Landwirtschaft beruhen auf ihren anthroposophischen Grundlagen.

Das vorliegende Buch ist das erste von drei als Lernbücher konzipierte Bände, in denen diese Grundlagen dargestellt werden und zwar ohne besondere Vorkenntnisse vorauszusetzen. Zielgruppen sind Landwirte, Auszubildende, Student:innen, Verarbeiter:innen und Händler:innen, aber auch an interessierte Konsument:innen. **Zusätzlich**

bilden die Bücher die Grundlage für einen Fernkurs, der bei freier Zeiteinteilung ein systematisches, vertieftes Kennenlernen ermöglicht.

Die Studienunterlagen werden den Teilnehmenden nach der Anmeldung zum Kurs digital zur Verfügung gestellt. Die Inhalte werden danach im begleiteten Selbststudium bearbeitet. Dazu gehören auch Einsendeaufgaben, die von erfahrenen Tutor:innen durchgesehen und kommentiert werden, bevor in einem direkten, fernmündlichen Gespräch oder in Kolloquien die Gelegenheit zur ausführlichen Diskussion geboten wird. Die Bearbeitungszeit für den gesamten Kurs liegt bei insgesamt etwa 60 Stunden, die über ein Jahr verteilt werden können.

Übersicht zum Fernkurs

Beginn	Es kann jederzeit begonnen werden
Dauer	12 Monate bei etwa fünf Stunden pro Woche
Verlängerung	Bis zu sechs weitere Monate (ohne Aufpreis)
Verkürzung	Der Kurs kann auch schneller absolviert werden (zum gleichen Preis)
Teilnahmevoraussetzungen	Keine
Studienmaterial	Drei Lernbücher; sechs Studienhefte (mit ergänzenden Texten und Einsendeaufgaben)
Studienbegleitung	Persönliche:r Tutor:in
Seminare	Teilnahme an unregelmäßig stattfindenden Kolloquien und Online-Seminaren
Abschluss	Die erfolgreiche Teilnahme wird bescheinigt
Preise und weitere Informationen	Im Internet unter: biodyn-fernkurs.com

Bücher aus dem Info3 Verlag

Eine Auswahl

Wolfgang Müller

Zumutung Anthroposophie

Rudolf Steiners Bedeutung für die Gegenwart

3. Auflage 2022, 192 Seiten, Klappenbroschur,

€ 14,90

ISBN 978-3-95779-143-6

Die Anthroposophie mutet dem Menschen viel zu. Aber sie traut ihm auch viel zu: die Fähigkeit zu einer tieferen Entwicklung seiner verborgenen Anlagen; und die Fähigkeit zu einer freien, bewussten Gestaltung einer menschlicheren Welt.

Dieses Buch will im Aufgreifen von Kritik an Steiner zeigen, wie es sich bei der Anthroposophie um einen Ansatz handelt, der tatsächlich für die naturwissenschaftlich geprägte Gegenwart zunächst schwer zugänglich ist. Der Anspruch, eine elementar neue und geistig vertiefte Interpretation der Dinge zu entwickeln, erscheint als Zumutung, die gleichwohl unvermeidlich ist, wenn sich am krisenhaften Zustand unserer Welt etwas grundlegend ändern soll.

www.info3.de

Herausgeber: AGBD im Westen
Alfred-Herrhausen-Str. 44, 58455 Witten
Tel: 02302-91 52 18, info@demeter-im-westen.de
www.demeter-im-westen.de

Info3 Verlag
Kirchgartenstr. 1, 60439 Frankfurt
Tel. 069-58 46 47, vertrieb@info3.de
www.info3.de

INFO3 VERLAG